Introduzione

Viviamo in un'epoca in cui l'intelligenza artificiale (IA) sta trasformando il mondo in modi che, fino a pochi decenni fa, erano relegati alla fantascienza. Dalle auto a guida autonoma agli assistenti vocali che rispondono alle nostre domande, l'IA ha fatto irruzione nella nostra vita quotidiana, cambiando il nostro modo di lavorare, comunicare e vivere.
Ma cosa significa realmente "intelligenza artificiale"? E perché è così importante comprenderne i meccanismi?

Questo eBook è pensato per chiunque desideri avvicinarsi all'IA, comprenderne il funzionamento e conoscere le possibilità che potrebbe offrire in futuro. Non è necessario essere esperti di tecnologia o scienziati: l'obiettivo è spiegare i concetti in modo chiaro e accessibile, affrontando anche le implicazioni sociali ed etiche che l'IA comporta.

Scopriremo insieme le basi dell'IA, i modi in cui già influenza la nostra quotidianità e quali sviluppi potremmo aspettarci nei prossimi anni. Parleremo anche dei limiti e dei rischi associati a questa tecnologia, riflettendo su come l'IA possa essere sviluppata e utilizzata in modo etico e responsabile.

Questo viaggio ci porterà a comprendere meglio l'IA e a scoprire come essa possa trasformare il nostro futuro. Che siate curiosi, preoccupati o semplicemente affascinati da questa tecnologia, questo eBook vi fornirà gli strumenti per fare luce su uno degli argomenti più discussi del nostro tempo.
Benvenuti nel mondo dell'intelligenza artificiale!

Capitolo 1:
Che cos'è l'Intelligenza Artificiale?

1.1 Introduzione al Concetto di Intelligenza Artificiale

L'intelligenza artificiale, o IA, è un termine che si riferisce a una serie di tecnologie che consentono alle macchine di eseguire compiti che richiederebbero intelligenza se fossero svolti da esseri umani. Questi compiti includono riconoscere immagini, comprendere il linguaggio naturale, prendere decisioni e risolvere problemi. L'obiettivo dell'IA non è solo di creare macchine che imitino l'intelligenza umana, ma anche di migliorare l'efficienza in numerosi settori.

In pratica, l'IA non è un singolo sistema, ma un insieme di tecniche e metodologie sviluppate per far "apprendere" e "pensare" le macchine. Dalla sua nascita, l'IA ha vissuto alti e bassi, ma le recenti scoperte tecnologiche e la crescita esponenziale della potenza di calcolo hanno portato a innovazioni che stanno cambiando radicalmente il nostro modo di vivere.

Esempio:

Immagina di voler scattare una foto perfetta del tuo cane che gioca in giardino. Una fotocamera con IA può riconoscere automaticamente il tuo animale e mettere a fuoco il suo volto, ottimizzando luminosità e contrasto per catturare ogni dettaglio. Qui, l'IA non sta solo eseguendo un'azione pre-programmata, ma "capisce" che si tratta di un volto animale e si adatta al contesto per migliorare l'immagine.

1.2 Le Origini dell'IA:
Dai Primi Studi ai Progressi Recenti

Il concetto di macchine intelligenti affonda le radici nella storia della filosofia e della scienza.
Già negli anni '50, Alan Turing, un matematico britannico, propose una semplice domanda che ha ispirato generazioni di ricercatori: "Le macchine possono pensare?". Turing elaborò un test, noto come "Test di Turing", per

stabilire se una macchina potesse essere considerata intelligente.
L'idea di una macchina capace di dialogare in modo indistinguibile da un essere umano fu il primo grande passo verso l'IA.

Negli anni '60, gli scienziati crearono i primi programmi che potevano risolvere problemi logici, come il teorema di base della matematica, e fare mosse vincenti in giochi semplici. Tuttavia, con i limiti di calcolo dell'epoca, l'IA sembrava destinata a un futuro incerto. Solo negli anni '80 e '90, grazie a metodi di apprendimento automatico e all'aumento delle capacità di calcolo, l'IA riprese vigore, portando a importanti sviluppi, come i sistemi esperti e le reti neurali.

Negli anni 2000, con l'arrivo del deep learning, l'IA ha compiuto un salto straordinario: le macchine sono state in grado di apprendere da grandi quantità di dati e raggiungere nuovi livelli di precisione. Oggi, l'IA è alla base di molte innovazioni, dal riconoscimento delle immagini all'automazione industriale.

Esempio:
Durante gli anni '60, uno dei primi programmi di IA, ELIZA https:// it.wikipedia.org/wiki/ELIZA_(chat_bot), sviluppato da Joseph Weizenbaum, era in grado di simulare una conversazione con un terapeuta. ELIZA utilizzava una serie di semplici regole per rispondere alle domande degli utenti, ma molti utenti pensavano di interagire davvero con una persona reale. Questo programma dimostrò che, anche con limitate capacità, l'IA poteva imitare alcuni aspetti dell'interazione umana.

1.3 Le Diverse Tipologie di Intelligenza Artificiale

Ci sono vari livelli di IA, ognuno dei quali rappresenta un diverso grado di complessità e capacità:

- **IA Debole (Narrow AI)**: Questa IA è progettata per svolgere un singolo compito specifico e ha capacità limitate. Ad esempio, Siri, Alexa e le raccomandazioni su Netflix sono forme di IA debole. L'IA debole è presente nelle nostre vite quotidiane e funziona bene entro i confini dei compiti per cui è programmata.

- **IA Forte (Strong AI)**: Questa forma di IA ha lo scopo di simulare completamente l'intelligenza umana. In teoria, un'IA forte potrebbe pensare, ragionare e svolgere qualsiasi compito cognitivo umano. Sebbene l'IA forte sia ancora lontana, rappresenta un obiettivo ambizioso per gli scienziati.

- **IA Generale (AGI - Artificial General Intelligence)**: Rappresenta un'IA capace di comprendere, apprendere e applicare conoscenze e competenze in modo autonomo e flessibile, adattandosi a nuovi compiti. Un'AGI, se realizzata, avrebbe un'intelligenza simile a quella umana.

- **Superintelligenza**: Questo concetto ipotizza un'IA che superi in intelligenza tutti gli esseri umani in tutti i campi. Sebbene questo scenario sia teorico, la sua prospettiva solleva preoccupazioni etiche e di sicurezza, soprattutto per il suo potenziale di impatto sull'umanità.

Esempio per IA Debole:
I sistemi di riconoscimento facciale utilizzati negli smartphone per lo sblocco con il volto sono un esempio di IA debole. Questi sistemi sono progettati solo per una funzione specifica: riconoscere il volto dell'utente e confrontarlo con i dati memorizzati. Non possono fare altro al di fuori di questo compito ristretto.

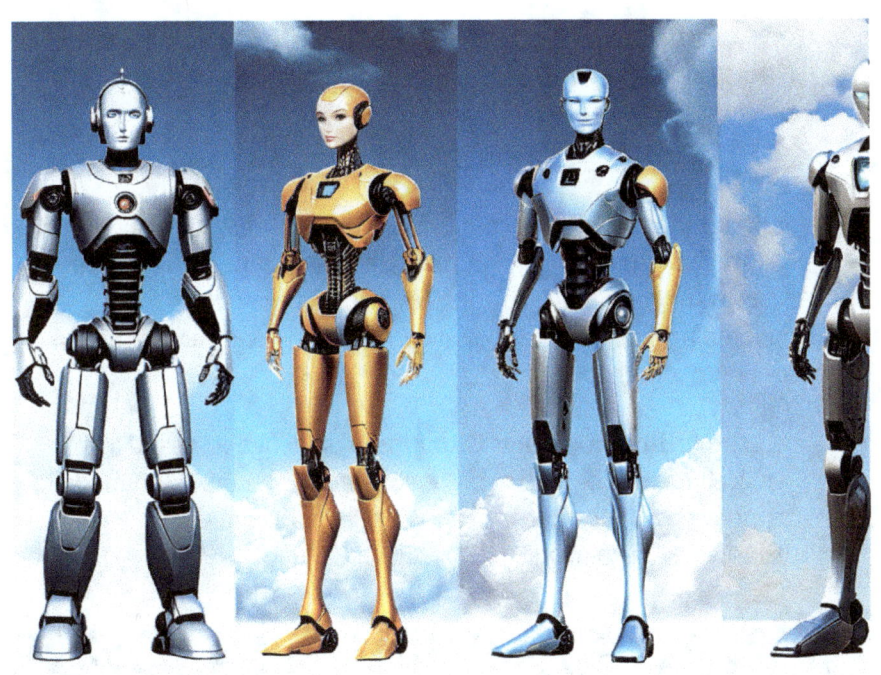

Esempio per Superintelligenza:
Il concetto di superintelligenza è stato esplorato nei film, come in "Ex Machina" https://it.wikipedia.org/wiki/Ex_Machina_(film) o "Her" https://it.wikipedia.org/wiki/Lei_(film_2013), dove le macchine sviluppano una consapevolezza superiore a quella umana.
Anche se ancora ipotetica, una superintelligenza sarebbe capace di apprendere e migliorarsi autonomamente, con una capacità di risolvere problemi complessi a una velocità superiore rispetto alla nostra.

1.4 Come Funziona l'Apprendimento Automatico (Machine Learning)

L'apprendimento automatico è il cuore della moderna IA. Si tratta di un insieme di tecniche che permette alle macchine di "imparare" da esempi e migliorare le proprie prestazioni senza essere esplicitamente programmate per ogni compito. Esistono vari tipi di apprendimento automatico:

- **Apprendimento Supervisionato**: I dati vengono forniti alla macchina insieme alle risposte corrette. Ad esempio, un modello può essere addestrato a riconoscere le immagini di cani e gatti dopo aver visto migliaia di esempi etichettati.

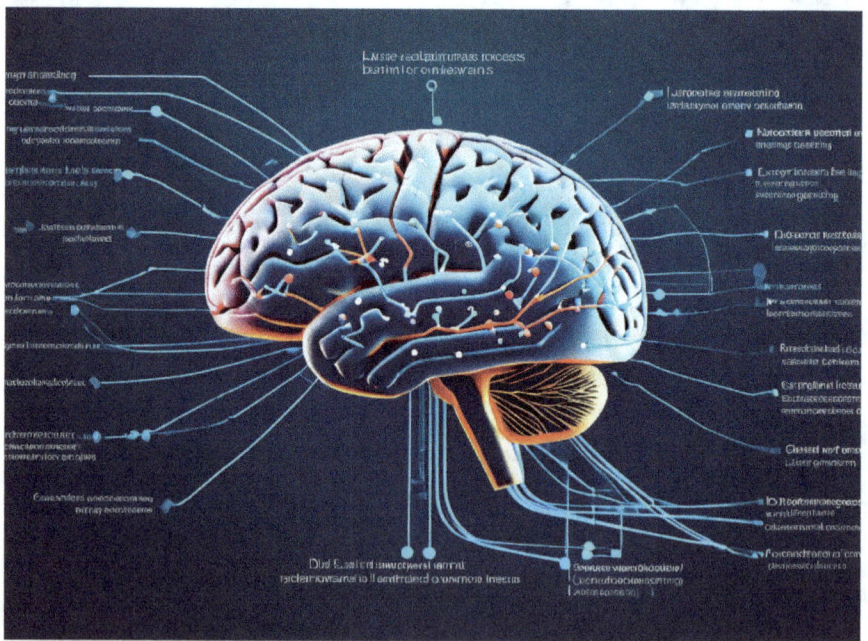

- **Apprendimento Non Supervisionato**: In questo caso, alla macchina vengono forniti dati non etichettati, e deve trovare strutture o pattern autonomamente. È utilizzato, ad esempio, per segmentare gruppi di clienti con caratteristiche simili.

- **Reti Neurali e Deep Learning**: Le reti neurali, ispirate al cervello umano, sono composte da nodi interconnessi (neuroni artificiali) che elaborano i dati in strati. Con il deep learning, reti profonde riescono a riconoscere immagini, comprendere testi e molto altro con grande precisione.

Esempio per Apprendimento Supervisionato:
Un classico esempio di apprendimento supervisionato è il riconoscimento della posta indesiderata (spam). Gli algoritmi vengono addestrati con migliaia di esempi di email contrassegnate come "spam" e "non spam". Analizzando questi esempi, l'IA impara a riconoscere i pattern tipici dello spam e può classificare nuove email in tempo reale.

Esempio per Apprendimento Non Supervisionato:
Spotify utilizza algoritmi di apprendimento non supervisionato per suggerire nuove canzoni agli utenti in base a gusti musicali simili. Questi algoritmi raggruppano utenti con preferenze musicali simili, generando playlist personalizzate senza necessità di etichette o categorie predefinite.

1.5 Esempi Pratici di IA: Dove la Troviamo Oggi?

L'IA è già parte integrante della nostra vita:

- **Assistenti Vocali**: Siri, Alexa e Google Assistant sono esempi di IA che comprendono il linguaggio naturale e rispondono alle nostre domande. Questi assistenti usano tecniche di machine learning e elaborazione del linguaggio per interagire con gli utenti in modo naturale.

- **Sistemi di Raccomandazione**: Piattaforme come Netflix e Amazon utilizzano algoritmi di raccomandazione per suggerire contenuti basati sulle preferenze degli utenti. Gli algoritmi analizzano grandi quantità di dati per fornire suggerimenti personalizzati.

- **Medicina**: L'IA è utilizzata nella diagnosi medica per analizzare immagini e identificare anomalie, supportando i medici nelle decisioni. Algoritmi di IA possono analizzare milioni di immagini radiologiche in pochi secondi, individuando segnali di malattie come il cancro.

- **Automobili a Guida Autonoma**: Le auto a guida autonoma, come quelle sviluppate da Tesla, Google e altre aziende, utilizzano una combinazione di sensori, telecamere e IA per navigare autonomamente. Questi veicoli devono essere in grado di identificare ostacoli, prendere decisioni in tempo reale e garantire la sicurezza dei passeggeri.

1.6 Il Futuro dell'IA: Traguardi e Sfide

L'IA ha già raggiunto traguardi straordinari, ma il suo potenziale è ancora in gran parte inesplorato. Nei prossimi anni, l'IA potrebbe:

- Ampliare la sua presenza nella medicina, con diagnosi sempre più precise e cure personalizzate.
- Migliorare l'automazione in ambiti come l'agricoltura e l'industria, riducendo sprechi e migliorando l'efficienza.
- Sviluppare nuove capacità creative, come la generazione di contenuti (testi, immagini, musica) tramite IA generativa.

Ma ci sono anche sfide significative: l'IA solleva questioni etiche, come il rischio di bias nei dati, il rispetto della privacy e l'impatto

sull'occupazione. Le sfide etiche e sociali richiederanno una riflessione attenta su come questa tecnologia venga regolamentata.

Esempio:
Uno dei traguardi futuri dell'IA potrebbe essere lo sviluppo di assistenti personali virtuali in grado di gestire non solo le informazioni, ma anche di fare previsioni avanzate e prendere decisioni. Immagina un assistente medico virtuale capace di monitorare la tua salute in tempo reale, basandosi sui dati raccolti dai dispositivi indossabili, e di suggerirti automaticamente esami o trattamenti personalizzati.

1.7 Riflessioni Finali su Cosa Significa Comprendere l'IA

Comprendere l'IA è il primo passo per utilizzarla in modo responsabile e consapevole. Questo capitolo ha introdotto i fondamenti e le applicazioni dell'IA, preparandoci per approfondire temi più complessi. Con l'IA destinata a influenzare sempre più il nostro futuro, conoscere le sue potenzialità e i suoi limiti è fondamentale per

navigare questo cambiamento con saggezza e consapevolezza.

Esempio:
Conoscere come funziona l'IA e comprenderne le capacità è come avere una mappa per navigare in un mondo in rapida evoluzione. Sapere, ad esempio, che i suggerimenti sui social media sono basati su algoritmi, può renderci più consapevoli delle influenze a cui siamo esposti e aiutarci a prendere decisioni informate.

Capitolo 2: Come Funziona l'IA?

2.1 Introduzione ai Principi di Base dell'IA

L'intelligenza artificiale si basa sulla capacità di raccogliere dati, interpretarli e utilizzarli per prendere decisioni o svolgere compiti. Ogni sistema IA inizia con l'acquisizione di dati grezzi (ad esempio, foto, testo o suoni), che vengono successivamente elaborati per estrarre informazioni utili. Questi dati vengono poi utilizzati per addestrare modelli matematici che consentono all'IA di riconoscere pattern e prendere decisioni basate su tali pattern.

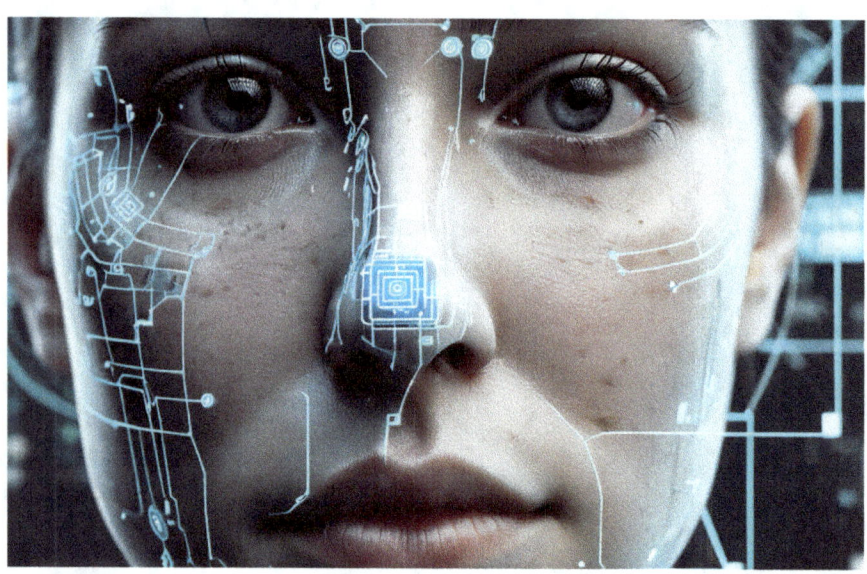

Esempio:
Immagina un sistema IA utilizzato nelle fotocamere per rilevare e migliorare i volti. Questo sistema acquisisce le immagini e analizza i tratti facciali, come occhi, naso e bocca, per riconoscere il volto umano. Una volta riconosciuto, la fotocamera applica automaticamente ottimizzazioni, come il bilanciamento dei colori e la regolazione della nitidezza. Questo processo non è solo una serie di azioni automatiche:

l'IA interpreta il contenuto dell'immagine per migliorare l'esperienza fotografica dell'utente.

2.2 Algoritmi e Tipologie di Apprendimento nell'IA

L'IA utilizza vari tipi di algoritmi per apprendere dai dati. Le principali tipologie di apprendimento sono:

- **Apprendimento Supervisionato**: In questo approccio, i dati sono etichettati con risposte corrette. Il sistema apprende confrontando i suoi risultati con le risposte fornite e correggendosi se necessario.
  Esempio: Un sistema di rilevamento dello spam riceve migliaia di esempi di email, alcune etichettate come "spam" e altre come "non spam". In questo modo, apprende quali parole e schemi sono tipici delle email indesiderate.

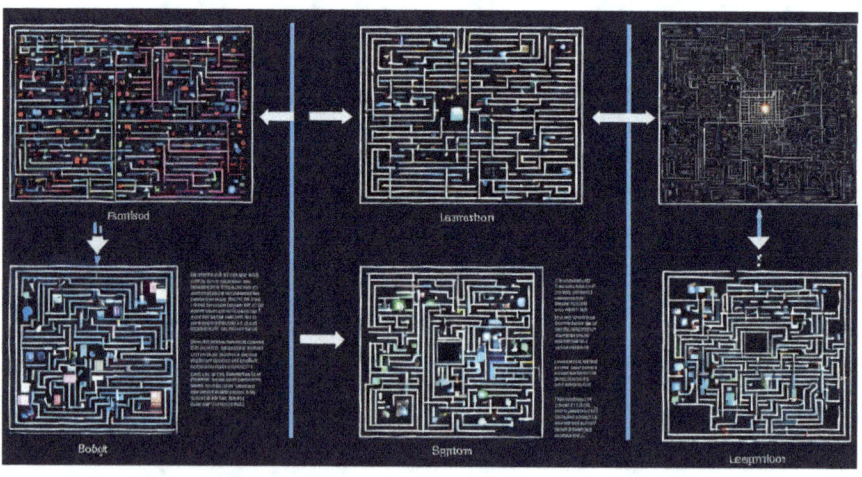

- **Apprendimento Non Supervisionato**: I dati non hanno etichette e il sistema cerca autonomamente pattern o gruppi all'interno dei dati.
  Esempio: I servizi di streaming, come Spotify, utilizzano l'apprendimento non supervisionato per creare gruppi di utenti

con gusti musicali simili, suggerendo brani che potrebbero piacere sulla base di ascolti simili.

- **Apprendimento per Rinforzo**: In questo caso, l'IA apprende tramite un sistema di ricompense e penalità, migliorando il proprio comportamento nel tempo.
  Esempio: Un robot in un labirinto riceve una ricompensa ogni volta che avanza nella direzione giusta e una penalità se sbaglia.
  Gradualmente, impara il percorso ottimale per uscire dal labirinto.

2.3 Le Reti Neurali e il Deep Learning

Le reti neurali artificiali sono ispirate al funzionamento del cervello umano.
Ogni rete è composta da neuroni artificiali collegati tra loro in diversi strati. Quando un dato entra nella rete, passa attraverso i vari strati, ciascuno dei quali estrae un'informazione specifica, finché il sistema non arriva a una decisione o previsione finale.

- **Struttura delle Reti Neurali**: Una rete neurale è composta da uno strato di input, vari strati nascosti e uno strato di output. Ogni neurone riceve un'informazione e la elabora, trasmettendola ai neuroni successivi.

- **Funzione di Attivazione**: Ogni neurone utilizza una funzione per decidere se attivarsi (cioè, se "passare" l'informazione al neurone successivo). La funzione di attivazione consente alla rete di rispondere a input complessi.

- **Deep Learning**: Con il deep learning, le reti neurali hanno molti strati nascosti (deep), ognuno specializzato in particolari caratteristiche.

Esempio: Un'applicazione comune delle reti neurali e del deep learning è il riconoscimento delle emozioni facciali nelle immagini. Le prime fasi della rete neurale potrebbero rilevare contorni e colori del volto, mentre le fasi intermedie potrebbero riconoscere tratti come occhi, bocca e sopracciglia. Gli ultimi livelli associano questi tratti a specifiche emozioni, come felicità o tristezza. In questo modo, l'IA è in grado di identificare l'espressione facciale con elevata precisione.

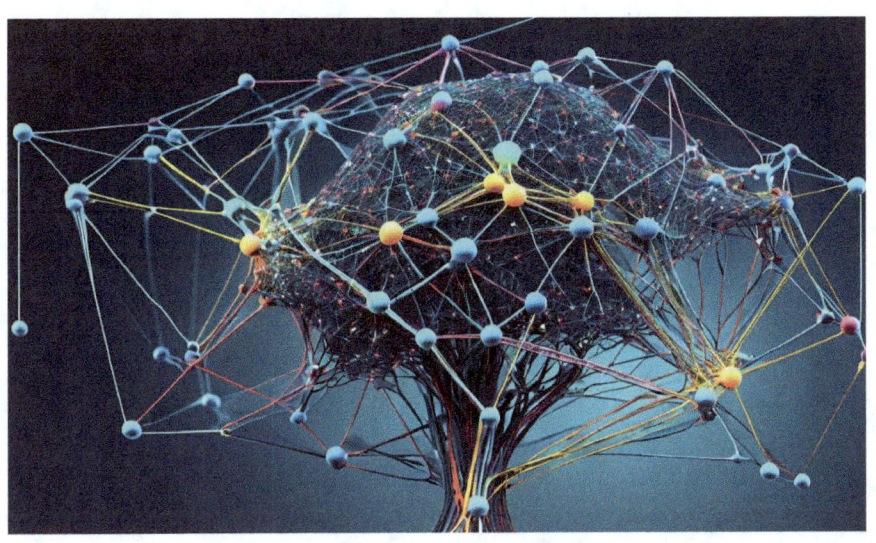

2.4 I Modelli di Linguaggio Naturale (NLP - Natural Language Processing)

L'elaborazione del linguaggio naturale consente all'IA di comprendere e generare testi. Il testo viene scomposto in unità più piccole (token) e analizzato per estrarre significato e contesto.

- **Tokenizzazione e Analisi Sintattica**: Il testo è suddiviso in parole o frasi, e l'algoritmo ne analizza la struttura grammaticale.

- **Modelli di Linguaggio**: Modelli avanzati, come GPT e BERT, vengono addestrati su enormi quantità di testo per comprendere il contesto e rispondere in modo naturale.

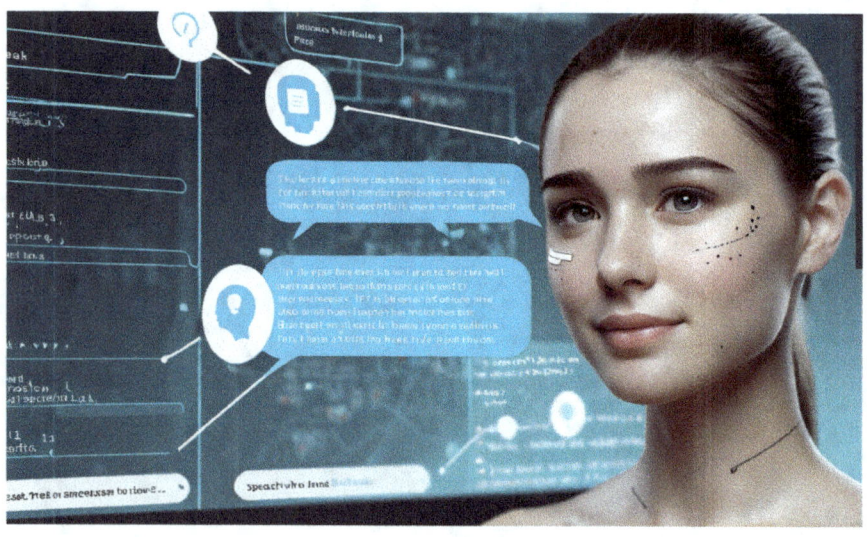

Esempio: Esempio: Un servizio di assistenza clienti online, come il chatbot di una banca, utilizza modelli di NLP per comprendere le domande degli utenti e fornire risposte pertinenti. Se un utente scrive "Come posso vedere il mio saldo?", il chatbot comprende il

significato della frase e risponde fornendo le istruzioni per accedere al saldo. Il sistema usa modelli di linguaggio per interpretare l'intento e rispondere con un linguaggio naturale.

- **Elaborazione delle Emozioni e del Contesto**: Gli algoritmi possono rilevare il tono emotivo (felice, arrabbiato, ecc.) e rispondere in modo appropriato, migliorando l'interazione.

2.5 La Computer Vision: L'IA che "Vede"

La computer vision è la capacità dell'IA di comprendere immagini e video, consentendo di riconoscere oggetti e identificare caratteristiche visive.

- **Riconoscimento degli Oggetti**: Gli algoritmi identificano e classificano gli oggetti in una scena, come automobili o persone.

- **Segmentazione delle Immagini**: Divide l'immagine in aree per isolare singoli elementi dal contesto.
  Esempio: La tecnologia di rilevamento dei pedoni nelle automobili a guida autonoma è un'applicazione pratica della computer vision.
  Le telecamere dell'auto catturano immagini della strada e l'algoritmo analizza la scena per rilevare figure umane.

Utilizzando il riconoscimento degli oggetti e la segmentazione, l'IA distingue i pedoni dagli altri elementi dell'ambiente (come

*automobili e segnali stradali), decidend*o se rallentare o fermarsi per evitare collisioni.

- **Classificazione delle Immagini**: L'IA assegna un'etichetta all'intera immagine, come "cane" o "paesaggio".
  Esempio: Un'applicazione di catalogazione delle foto può riconoscere automaticamente gli oggetti nelle immagini per creare album tematici.

2.6 Sistemi di Raccomandazione e Analisi dei Dati

I sistemi di raccomandazione suggeriscono contenuti in base ai gusti degli utenti, utilizzando metodi come:

- **Collaborative Filtering**: L'algoritmo raccomanda contenuti in base alle somiglianze tra utenti.
  Esempio: Netflix suggerisce film in base ai gusti di persone con preferenze simili.

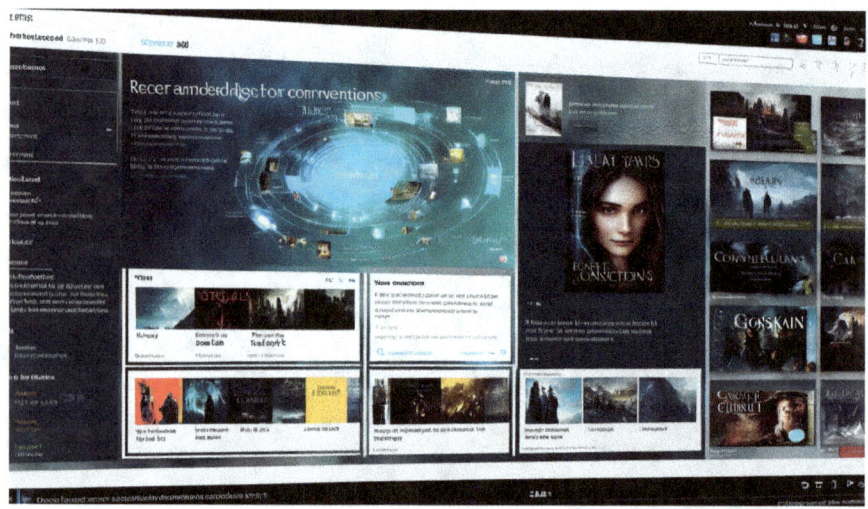

- **Content-Based Filtering**: Suggerisce contenuti simili a quelli già apprezzati dall'utente.
  Esempio: Una piattaforma musicale può suggerire brani dello stesso genere o artista che l'utente ascolta spesso.

- **Algoritmi Ibridi**: Combinano più metodi per migliorare le raccomandazioni.

Esempio: Amazon utilizza un sistema di raccomandazione che combina vari metodi per suggerire prodotti. Se un utente acquista spesso libri di fantascienza, l'algoritmo di content-based filtering proporrà altri libri dello stesso genere. Inoltre, il sistema analizza i dati di utenti con preferenze simili tramite collaborative filtering, suggerendo prodotti che altri appassionati di fantascienza hanno acquistato, aumentando così la probabilità di soddisfare il cliente.

2.7 I Dati: Il Carburante dell'IA

Per funzionare correttamente, l'IA ha bisogno di dati di alta qualità. Il processo di gestione dei dati include:

- **Preprocessing dei Dati**: I dati grezzi vengono puliti, organizzati e resi uniformi per renderli adatti all'addestramento.

- **Data Augmentation**: Tecniche come la rotazione delle immagini e l'aggiunta di variazioni permettono di aumentare il volume dei dati.

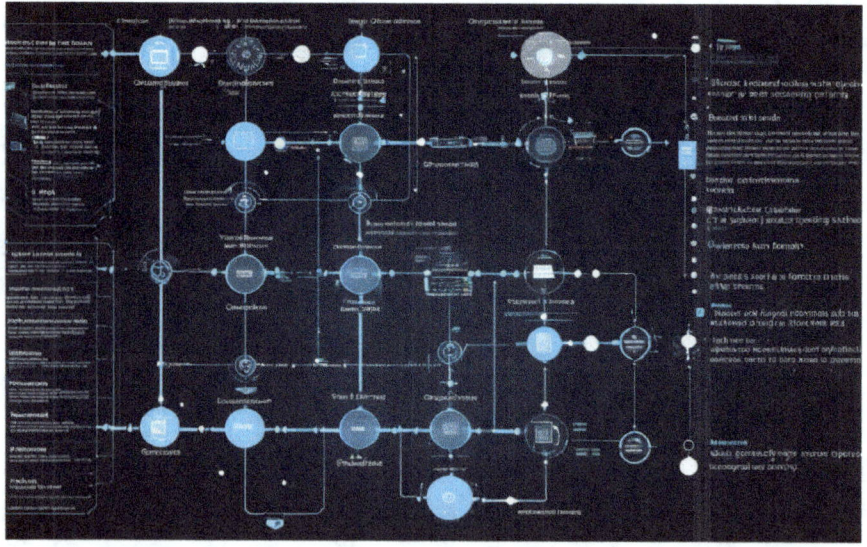

- **Qualità dei Dati**: Dati accurati e rappresentativi sono essenziali per evitare bias e distorsioni.

- *Esempio:* Nel riconoscimento facciale, se il modello è addestrato solo con immagini di persone di un'etnia specifica, potrebbe avere difficoltà a riconoscere volti di altre etnie.

- *Esempio: Nel caso della classificazione delle email come spam o non spam, i dati grezzi (email) passano attraverso una fase di preprocessing. Durante questa fase, l'algoritmo "pulisce" il testo, rimuovendo formattazioni speciali e simboli inutili, trasformandolo in un formato standardizzato. Inoltre, si possono usare tecniche di data augmentation, come sostituire sinonimi o cambiare l'ordine delle parole, per aumentare la varietà dei dati e rendere l'algoritmo più robusto contro nuovi tipi di spam.*

2.8 I Limiti e le Sfide Tecniche dell'IA

Nonostante i progressi, l'IA ha delle limitazioni tecniche:

- **Overfitting e Underfitting**: Se un modello è troppo specifico rispetto ai dati di addestramento, fallirà con nuovi dati (overfitting); se è troppo generico, non riuscirà a fare previsioni precise (underfitting).

- **Bias nei Modelli di IA**: I risultati di un'IA possono essere distorti se i dati usati per addestrarla non sono rappresentativi.

- **Spiegabilità**: Alcuni modelli avanzati sono complessi e poco trasparenti, rendendo difficile interpretare le loro decisioni.

- **Richiesta di Potenza Computazionale**:
Molti modelli richiedono elevata potenza di calcolo, che può limitare l'accesso a tali tecnologie.

*Esempio: Immagina un sistema di riconoscimento facciale addestrato solo con immagini di persone di una determinata etnia. Se questo sistema viene utilizzato su un gruppo etnicamente diverso, potrebbe presentare risultati meno accurati, mostrando un **bias nei modelli di IA**.*
*Inoltre, il sistema potrebbe soffrire di **overfitting** se addestrato troppo specificamente su un set di immagini limitato, facendo errori con nuovi volti. La necessità di garantire spiegabilità e trasparenza è fondamentale per comprendere e risolvere questi problemi.*

2.9 Riflessioni Finali: Verso una Comprensione più Profonda dell'IA

Questo capitolo ha illustrato i fondamenti dell'IA, spiegando come l'apprendimento automatico, le reti neurali e l'analisi dei dati consentano alle macchine di "imparare" e "pensare". Conoscere questi processi ci permette di utilizzare l'IA in modo più consapevole e di riconoscere i suoi limiti. Il passo successivo è approfondire come l'IA influenzi la nostra vita quotidiana e le implicazioni sociali ed etiche di questa tecnologia in rapida evoluzione.

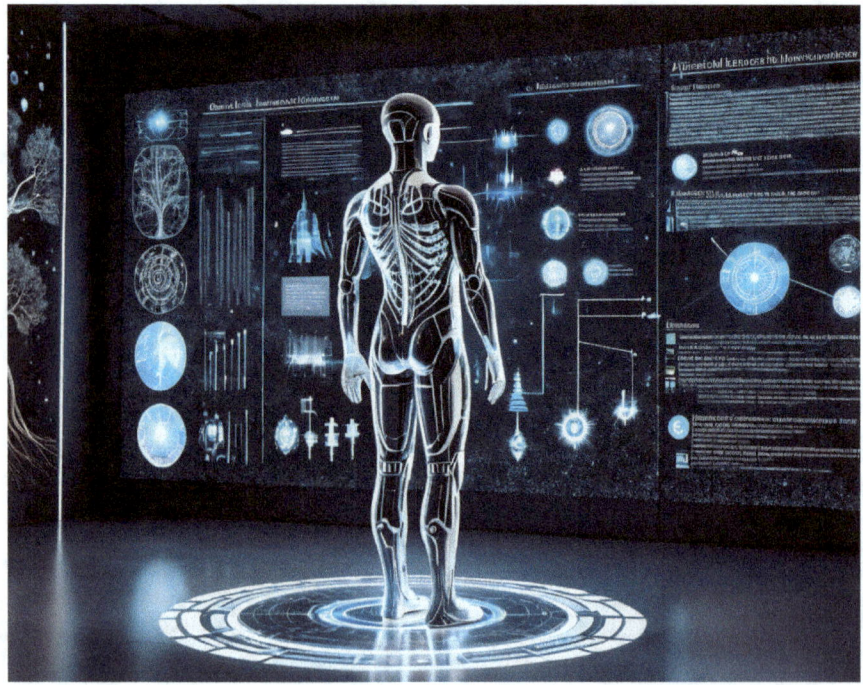

Esempio: Nel campo medico, l'IA ha il potenziale per migliorare la diagnosi e il trattamento delle malattie. Tuttavia, se i modelli di IA non

sono trasparenti e spiegabili, i medici potrebbero avere difficoltà a fidarsi delle diagnosi proposte dall'algoritmo.

Comprendere come funzionano questi modelli è quindi cruciale non solo per migliorarne le prestazioni, ma anche per garantire la loro adozione responsabile in ambiti sensibili come la sanità.

Capitolo 3: IA nella Vita Quotidiana

3.1 Introduzione:
L'IA al Servizio delle Persone

L'intelligenza artificiale è ormai parte integrante della nostra vita quotidiana, semplificando e ottimizzando molte attività di routine. Dalle interazioni sui social media alle esperienze personalizzate di shopping, l'IA utilizza enormi quantità di dati per comprendere e anticipare le nostre preferenze e necessità. Gli assistenti vocali e la domotica, l'intrattenimento, il monitoraggio della salute, l'e-commerce e le mappe intelligenti sono solo alcune delle aree in cui questa tecnologia

trova applicazione. Questa sezione introduttiva offre una panoramica generale, preparando il lettore a esplorare come l'IA influenzi diverse attività quotidiane e come queste interazioni possano migliorare con l'uso di algoritmi di apprendimento e analisi avanzate.

3.2 Assistenti Vocali e Domotica

Gli assistenti vocali come Alexa, Siri e Google Assistant sono stati tra le prime applicazioni di IA a entrare nelle nostre case. Basati su tecnologie di riconoscimento vocale e di elaborazione del linguaggio naturale (NLP), questi sistemi interpretano comandi vocali e rispondono in tempo reale. Gli assistenti vocali funzionano grazie a complessi algoritmi che decodificano la voce, la convertono in testo, analizzano l'intento e rispondono tramite dispositivi connessi.

- **Automazione della Casa**: Grazie alla domotica, questi assistenti si connettono a dispositivi intelligenti come luci, termostati e videocamere di sicurezza.

- **Accessibilità e Conforto**: Gli assistenti vocali sono particolarmente utili per persone anziane o con difficoltà motorie, che possono gestire la casa senza bisogno di spostarsi o usare

interruttori fisici.

Esempio: Un utente torna a casa e dice "Alexa, attiva la modalità serale", e il sistema abbassa le luci, chiude le tende, e riproduce musica rilassante in sottofondo. Questo comando attiva una serie di dispositivi intelligenti collegati, creando un ambiente personalizzato senza bisogno di interventi manuali.

Alcuni sistemi di domotica consentono di collegare videocamere e allarmi a un assistente vocale. Se l'utente chiede "Mostrami la videocamera del cortile", l'assistente attiva lo streaming video sullo schermo connesso, permettendo all'utente di monitorare l'area in tempo reale.

3.3 IA nei Servizi di Intrattenimento

Le piattaforme di intrattenimento utilizzano l'IA per offrire esperienze altamente personalizzate, analizzando gusti e comportamenti. Servizi come Netflix e YouTube utilizzano algoritmi di raccomandazione basati su machine learning per consigliare contenuti.
Questi algoritmi analizzano la cronologia delle visualizzazioni, la durata delle sessioni, le valutazioni e le ricerche per suggerire film, video e serie TV.

Streaming di Video: YouTube, oltre a suggerire video basati sulle visualizzazioni precedenti, personalizza anche la home page in base all'orario della giornata e al giorno della settimana. Per esempio, potrebbe proporre video brevi al mattino e contenuti più lunghi nel weekend, anticipando i possibili interessi dell'utente in quei momenti.

Musica: Su Spotify, l'algoritmo di IA può riconoscere non solo il genere musicale, ma anche l'atmosfera o il ritmo delle canzoni preferite

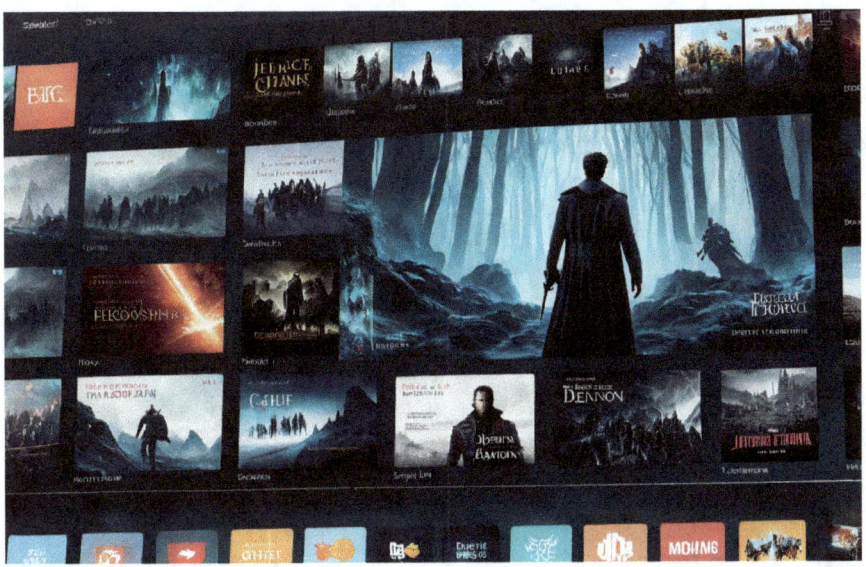

dall'utente, suggerendo brani che si abbinano al suo umore attuale o alle sue preferenze più recenti. La playlist "Discover Weekly" è un esempio di come l'algoritmo presenti brani nuovi, selezionati specificamente per i gusti dell'utente.

Esempio: Su Netflix, se un utente ha guardato molti documentari, l'algoritmo tenderà a consigliare altri contenuti simili, presentandoli in primo piano nella home page.

Curiosità: Netflix utilizza l'IA anche per ottimizzare l'ordine dei contenuti visibili, mostrando in evidenza quelli che potrebbero interessare di più in base all'ora, al giorno e alla cronologia di visualizzazioni.

3.4 Navigazione e Mappe Intelligenti

Le app di navigazione come Google Maps e Waze utilizzano l'IA per elaborare dati provenienti da vari dispositivi, offrendo percorsi ottimizzati e aggiornamenti in tempo reale sul traffico. Questi sistemi monitorano la posizione e la velocità dei veicoli, prevedendo congestioni o condizioni stradali che potrebbero influenzare il percorso.

- **Percorsi Ottimizzati e Suggerimenti in Tempo Reale**: L'IA incrocia dati storici sul traffico con informazioni in tempo reale, suggerendo deviazioni per evitare ingorghi e risparmiare tempo.

- **Esempio**: Google Maps suggerisce percorsi alternativi quando rileva un blocco imprevisto. L'app analizza le velocità medie di altri utenti nella stessa area e propone deviazioni.

- **Raccomandazioni Personalizzate**: Basandosi sulla cronologia dell'utente, l'app può consigliare punti di interesse come

ristoranti e negozi, rendendo l'esperienza di navigazione più utile e personalizzata.

Esempi:
Eventi in Tempo Reale: *Se un evento pubblico come un concerto o una manifestazione è previsto in una città, le app di navigazione possono anticipare l'aumento del traffico e suggerire percorsi alternativi.*
Per esempio, Google Maps potrebbe avvisare l'utente di un evento importante vicino a una zona e raccomandare di partire prima per evitare ritardi.

Carpooling e Condivisione di Corse: *Alcune app di ride-sharing, come Uber, usano l'IA per ottimizzare le corse condivise. Se più utenti richiedono una corsa verso la stessa destinazione, l'algoritmo suggerisce un percorso che permette di raccogliere e lasciare ogni passeggero in modo efficiente, riducendo tempi e costi per tutti.*

3.5 E-commerce e Personalizzazione degli Acquisti

Le piattaforme di e-commerce, come Amazon, utilizzano l'IA per creare esperienze di acquisto su misura, mostrando suggerimenti di prodotti basati su interazioni passate e preferenze personali. Gli algoritmi di IA analizzano la cronologia di navigazione, i prodotti visualizzati e le categorie preferite.

- **Sistemi di Raccomandazione**: L'IA suggerisce prodotti simili a quelli acquistati da utenti con gusti simili, aumentando la probabilità di conversione. Questi sistemi funzionano grazie all'analisi di big data e a tecniche di collaborative filtering.

- **Pubblicità Personalizzata**: I sistemi di AI analizzano i dati degli

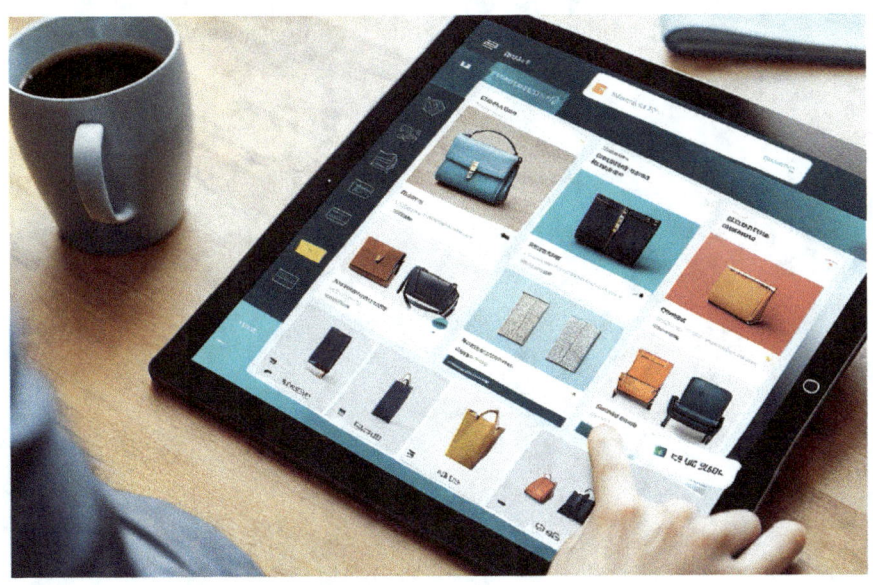

utenti per mostrare annunci pertinenti e rilevanti su piattaforme di social media e motori di ricerca, aumentando l'efficacia delle campagne di marketing.

Esempi:
Se un utente acquista una fotocamera, Amazon può suggerire obiettivi e accessori correlati, migliorando l'esperienza di acquisto e incentivando ulteriori acquisti.

Suggerimenti Dinamici: Su Amazon, se un utente ha recentemente visualizzato prodotti per un hobby, come il giardinaggio, il sistema potrebbe iniziare a mostrare articoli correlati nelle e-mail promozionali o nella homepage, creando un'esperienza d'acquisto sempre più in linea con gli interessi del momento.

Carrello e Offerte Personalizzate: Se un utente aggiunge un prodotto al carrello ma non completa l'acquisto, l'IA può generare un'offerta personalizzata per incoraggiare la finalizzazione della transazione. Ad esempio, il sistema potrebbe inviare uno sconto per quel prodotto, incentivando l'utente a completare l'acquisto.

3.6 IA per la Salute e il Benessere

Le app di monitoraggio della salute, come i tracker di attività fisica, utilizzano algoritmi di IA per analizzare i dati personali e fornire suggerimenti personalizzati per migliorare la salute e il benessere.

- **Tracker di Attività Fisica**: Gli smartwatch e le app di fitness utilizzano l'IA per monitorare i passi, le calorie bruciate, il sonno e la frequenza cardiaca. Questi dispositivi forniscono suggerimenti su come raggiungere gli obiettivi giornalieri.

- **Gestione della Salute Mentale**: Alcuni chatbot di IA offrono supporto emotivo, suggerendo esercizi di respirazione e mindfulness per ridurre lo stress.

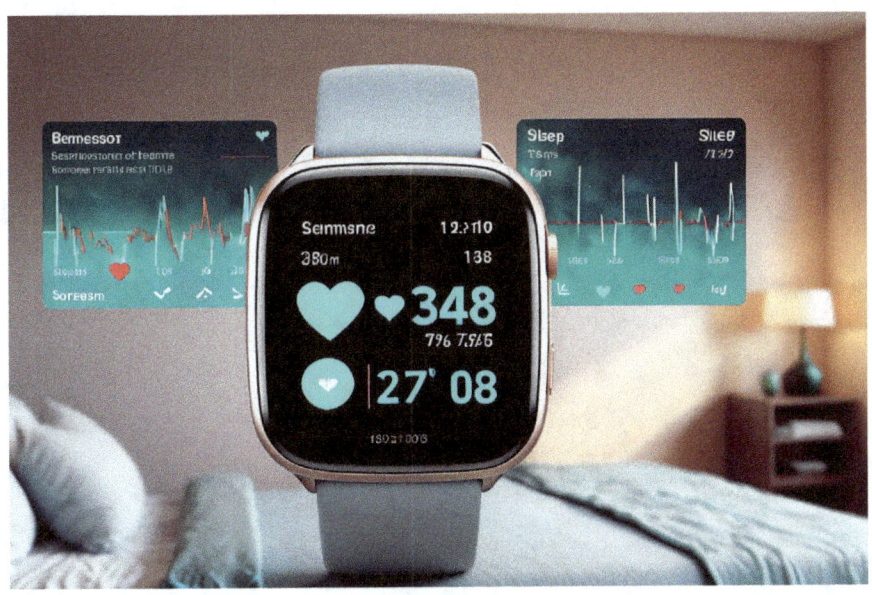

Esempi:

Coaching di Fitness: Alcune app di fitness utilizzano l'IA per adattare i piani di allenamento in base ai progressi dell'utente. Se l'IA rileva che l'utente ha raggiunto un obiettivo, come aumentare i passi giornalieri, può suggerire un nuovo target o un allenamento diverso per mantenere la motivazione.

Monitoraggio del Sonno Avanzato: Gli smartwatch monitorano la qualità del sonno e inviano report giornalieri che suggeriscono miglioramenti. Se l'IA rileva che l'utente ha dormito poco per diverse notti di seguito, può suggerire orari di sonno più regolari o consigliare esercizi di rilassamento serale.

3.7 Sicurezza e Riconoscimento Facciale

Il riconoscimento facciale è una delle tecnologie di sicurezza più avanzate, utilizzata per autenticazione, controllo degli accessi e sorveglianza. Negli smartphone, ad esempio, l'IA analizza i tratti del volto per sbloccare il dispositivo solo quando viene riconosciuto il proprietario.

- **Riconoscimento Facciale negli Smartphone**: I modelli di IA analizzano tratti distintivi come la forma degli occhi e delle labbra per verificare l'identità dell'utente e consentire l'accesso.

- **Sorveglianza e Sicurezza Urbana**: In alcune città, il riconoscimento facciale viene utilizzato per migliorare la sicurezza pubblica, monitorando le aree a rischio e identificando persone di interesse.

Esempi: Il sistema Face ID di Apple utilizza il deep learning per "mappare" il volto dell'utente e riconoscerlo anche con cambiamenti minimi nell'aspetto, come l'aggiunta di occhiali o una nuova acconciatura.

Accesso a Edifici e Uffici: *Alcune aziende utilizzano il riconoscimento facciale per garantire l'accesso sicuro agli uffici. I dipendenti registrati possono entrare semplicemente facendo riconoscere il proprio volto a una telecamera, eliminando la necessità di badge fisici.*

Controlli di Sicurezza negli Aeroporti: *Il riconoscimento facciale viene utilizzato in alcuni aeroporti per verificare l'identità dei passeggeri al momento del check-in o dell'imbarco. Il sistema scansiona il volto del viaggiatore e lo confronta con i dati sul passaporto, velocizzando i controlli e migliorando la sicurezza.*

3.8 IA e Finanza:
Trading e Gestione del Rischio

In finanza, l'IA è utilizzata per identificare pattern nei mercati, automatizzare transazioni e gestire i rischi. Il trading algoritmico utilizza l'IA per analizzare i dati in tempo reale e adattare le strategie di investimento.

- **Trading Algoritmico**: Gli algoritmi di trading sfruttano l'IA per riconoscere pattern di mercato e reagire in modo rapido e automatico, massimizzando i profitti.

- **Gestione del Rischio**: Le banche usano l'IA per calcolare il rischio di insolvenza e monitorare le variabili economiche per prendere decisioni informate.

Esempi: Un algoritmo di trading può rilevare improvvise

variazioni nel prezzo di una valuta e acquistare o vendere per minimizzare le perdite, mantenendo un'operatività ad alta frequenza senza intervento umano.

Consulenza Finanziaria Personalizzata: Le app bancarie moderne utilizzano l'IA per analizzare il comportamento di spesa e offrire consigli di risparmio. Ad esempio, se un utente spende molto in ristoranti, l'app potrebbe suggerire un budget mensile o opportunità di investimento in base alle sue abitudini.

Prevenzione delle Frodi: Le banche utilizzano algoritmi di IA per monitorare le transazioni in tempo reale. Se un comportamento sospetto, come un acquisto di grandi dimensioni in un paese diverso, viene rilevato, l'IA invia un avviso all'utente o blocca temporaneamente la carta per evitare frodi.

3.9 Il Lato Sociale dell'IA: Social Media e Interazioni Online

I social media utilizzano algoritmi di IA per personalizzare i feed, aumentare l'engagement e moderare i contenuti, creando un'esperienza su misura per ciascun utente.

- **Personalizzazione del Feed**: Algoritmi come quelli di Instagram o TikTok mostrano i post in base alle interazioni passate dell'utente, aumentando la probabilità di visualizzazione e interazione.

- **Moderazione dei Contenuti**: Le piattaforme utilizzano l'IA per identificare contenuti inappropriati, rimuovendoli o segnalando all'utente la violazione delle linee guida.

Esempi: L'algoritmo di Instagram valuta la probabilità che un post sia interessante per l'utente in base ai like e alle interazioni passate, posizionandolo più in alto nel feed.

Rilevamento di Contenuti Sensibili*: I social media utilizzano l'IA per analizzare i contenuti caricati dagli utenti e rimuovere quelli che violano le linee guida, come post offensivi o pericolosi. L'IA analizza anche i commenti per rilevare e segnalare casi di cyberbullismo o incitamento all'odio.*

Filtri e Effetti di Realtà Aumentata*: Piattaforme come Instagram e Snapchat utilizzano l'IA per applicare filtri alle immagini in tempo reale. Ad esempio, l'IA può riconoscere i tratti del volto e aggiungere effetti digitali, come maschere o decorazioni, che si adattano perfettamente al volto della persona inquadrata.*

3.10 Conclusione:
L'IA e il Nostro Quotidiano

In conclusione, l'IA migliora la nostra vita quotidiana in modi inimmaginabili fino a pochi anni fa, semplificando compiti complessi e fornendo servizi personalizzati. Tuttavia, l'adozione dell'IA comporta anche responsabilità etiche, e la consapevolezza del suo impatto sulla privacy e sulla società è essenziale. Mentre la tecnologia continua a evolversi, è cruciale capire come l'IA possa essere usata per migliorare la qualità della vita, tenendo sempre conto delle sue implicazioni.

Uso Consapevole della Tecnologia*: Gli utenti di app di fitness che si affidano ai consigli di IA per migliorare il proprio benessere o persone che, scegliendo consapevolmente i contenuti sui social media, riflettono su come l'IA possa influenzare la loro percezione.*
Educazione sull'IA*: Sempre più scuole e organizzazioni educative*

introducono programmi per insegnare alle persone a comprendere l'IA e a utilizzarla in modo etico, contribuendo a una società più consapevole delle potenzialità e dei limiti di questa tecnologia.

Capitolo 4: IA e Etica

4.1 Introduzione all'Etica dell'IA

L'intelligenza artificiale ha dimostrato di poter risolvere problemi complessi e ottimizzare numerosi aspetti della nostra vita quotidiana, dalla medicina ai trasporti. Tuttavia, mentre l'IA continua a svilupparsi, è diventato evidente che l'utilizzo di queste tecnologie non può prescindere da una riflessione etica. Ad esempio, una IA utilizzata in ambito sanitario può aiutare a diagnosticare malattie con maggiore precisione, ma chi è responsabile se la diagnosi è errata?

Caso pratico: Immaginiamo un ospedale che adotti un sistema di IA per la diagnosi precoce del cancro. Questo sistema ha un'elevata accuratezza, ma in alcuni casi fornisce falsi positivi, causando ansia nei pazienti e un carico di lavoro aggiuntivo per i medici. In questo contesto, è essenziale considerare non solo l'accuratezza del sistema, ma anche le sue conseguenze emotive e sociali, e stabilire chi deve rispondere degli errori.

4.2 Privacy e Dati Personali

L'IA utilizza grandi quantità di dati personali per migliorare la precisione delle sue previsioni e delle sue raccomandazioni. Tuttavia, l'utilizzo di questi dati solleva problemi di privacy. L'accesso a informazioni personali e comportamentali porta a numerosi rischi: le informazioni potrebbero essere utilizzate per scopi non etici, come la sorveglianza senza consenso o la manipolazione delle preferenze di consumo.

- **Social Media e Targeting Pubblicitario**: Le piattaforme come Facebook e Instagram raccolgono dati sugli utenti per offrire

pubblicità mirata. Sebbene questo renda le pubblicità più pertinenti, pone seri interrogativi sulla privacy.

Caso pratico: *Nel 2018, lo scandalo di Cambridge Analytica ha rivelato che dati di milioni di utenti di Facebook erano stati raccolti e utilizzati senza consenso per influenzare l'opinione pubblica in campagne politiche. Questo caso ha acceso il dibattito sull'uso etico dei dati e portato a un aumento delle normative sulla privacy, come il GDPR.*

- **Riconoscimento Facciale negli Spazi Pubblici**: In alcune città, le autorità utilizzano il riconoscimento facciale per monitorare le aree pubbliche e prevenire crimini. Tuttavia, questo solleva questioni sulla privacy e il consenso.

Caso pratico: *In Cina, il riconoscimento facciale è ampiamente utilizzato per monitorare la popolazione e identificare individui sospetti. Sebbene efficace per la sicurezza, questa tecnologia è stata criticata per l'invasione della privacy e l'uso contro la libertà personale.*

4.3 Bias e Discriminazione

I sistemi di IA vengono addestrati su dataset di grandi dimensioni. Se i dati sono influenzati da pregiudizi, il sistema tenderà a replicare e amplificare tali bias, causando discriminazioni.

- **Bias nei Sistemi di Reclutamento**: Le IA utilizzate per la selezione del personale analizzano i CV e identificano i candidati migliori. Tuttavia, se i dati di addestramento riflettono una preferenza per candidati maschi o bianchi, l'algoritmo tenderà a preferirli, anche senza un intento discriminatorio.
  Caso pratico: *Amazon ha sviluppato un sistema di IA per la selezione del personale, ma ha dovuto sospenderlo dopo che l'algoritmo mostrava una preferenza per i candidati maschi. L'IA era stata addestrata su CV storici, prevalentemente maschili, e di conseguenza discriminava le candidature femminili.*

- **Giustizia Penale e Rischio di Recidiva**: In alcuni sistemi giudiziari, si utilizzano algoritmi per calcolare il rischio di recidiva dei detenuti. Tuttavia, se i dati storici contengono pregiudizi razziali, l'algoritmo può classificare le minoranze come più inclini a commettere reati, anche in assenza di prove concrete.
  Caso pratico: Negli Stati Uniti, il sistema COMPAS, utilizzato per valutare il rischio di recidiva, è stato criticato per attribuire punteggi di rischio più elevati agli afroamericani rispetto ai bianchi. Uno studio del 2016 ha evidenziato come l'algoritmo avesse classificato ingiustamente persone di colore come ad alto rischio, sollevando dubbi sull'equità del sistema.

4.4 Trasparenza e Spiegabilità

Uno dei principali problemi con l'IA, soprattutto con modelli complessi come le reti neurali, è la loro opacità. Quando un sistema di IA prende una decisione importante, come rifiutare un prestito o diagnosticare una malattia, è essenziale che tale decisione sia spiegabile e trasparente.

- **Diagnosi Mediche**: Se un sistema di IA suggerisce una diagnosi, il medico deve comprendere i motivi della raccomandazione per poterla accettare o discutere con il paziente.
  Caso pratico: In uno studio, un sistema di IA utilizzato per diagnosticare il cancro alla pelle è risultato molto accurato, ma non poteva spiegare le sue decisioni. Ciò ha generato scetticismo

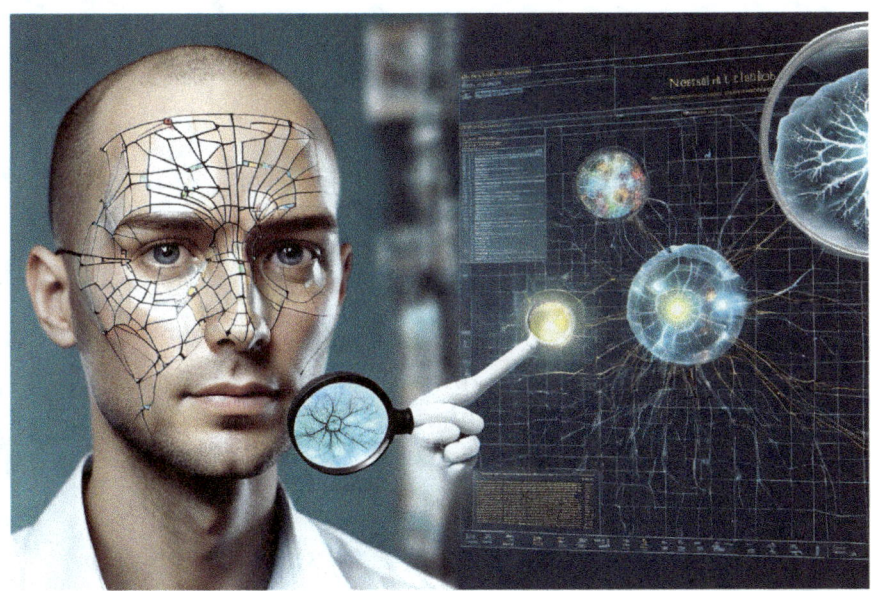

tra i medici, poiché non potevano giustificare le diagnosi del sistema ai pazienti.

- **Prestiti Bancari**: Un sistema di IA che valuta l'affidabilità creditizia dei clienti può rifiutare una richiesta di prestito. Tuttavia, se il cliente richiede una spiegazione, l'istituto finanziario potrebbe non essere in grado di fornirla se il modello è opaco.
  Caso pratico: La banca ING ha sviluppato un sistema di IA per valutare le richieste di prestito, ma ha dovuto integrare strumenti di spiegazione per giustificare i rifiuti e dimostrare che le decisioni non erano influenzate da pregiudizi.

4.5 Responsabilità e Accountability

La questione della responsabilità diventa cruciale quando un sistema di IA commette un errore. Chi dovrebbe rispondere? Lo sviluppatore, l'utente finale o l'IA stessa? Questa domanda è particolarmente importante in settori come la sanità e la mobilità.

- **Incidenti con Auto a Guida Autonoma**: Se un veicolo a guida autonoma causa un incidente, è difficile stabilire chi sia il responsabile. Il produttore del veicolo, lo sviluppatore del software o l'utente che lo ha utilizzato?

  Caso pratico: Nel 2018, un'auto a guida autonoma di Uber ha

investito un pedone. L'incidente ha sollevato dibattiti legali sulla responsabilità, portando Uber a sospendere i test e a rivedere i propri protocolli di sicurezza.

- **Errori Diagnostici in Sanità**: Un sistema di IA che sbaglia una diagnosi può causare gravi conseguenze per il paziente. La responsabilità ricade sul medico che ha utilizzato il sistema, sull'azienda che ha sviluppato il software o sull'ospedale?
  Caso pratico: Una clinica in Germania ha utilizzato un sistema di IA per diagnosticare i pazienti. Dopo alcuni errori di diagnosi, la clinica è stata portata in tribunale, e i giudici hanno dovuto determinare se la responsabilità spettasse al medico o al fornitore del software.

4.6 Impatto dell'IA sul Lavoro

L'IA sta automatizzando molti compiti, portando sia vantaggi che preoccupazioni per il futuro del lavoro. Molti ruoli tradizionali rischiano di essere sostituiti da sistemi di IA, mentre nuovi lavori che richiedono competenze digitali e tecnologiche stanno emergendo.

- **Automazione nei Magazzini**: I robot autonomi in magazzino gestiscono il carico e lo smistamento, riducendo la necessità di manodopera umana.
  Caso pratico: *Amazon ha implementato robot nei magazzini, riducendo la necessità di personale umano per alcuni compiti fisici. Tuttavia, ciò ha generato preoccupazioni tra i dipendenti, che temono di essere sostituiti.*

- **Sistemi di Assistenza Sanitaria**: L'IA sta assumendo un ruolo crescente in sanità, dove analizza grandi quantità di dati per diagnosticare e prevedere patologie, riducendo i tempi di lavoro per i medici e migliorando l'efficienza.
  Caso pratico: *Il sistema Watson di IBM è stato adottato in alcuni ospedali per supportare la diagnosi del cancro. Sebbene efficace, Watson ha sollevato dubbi tra i medici, che temono una riduzione del proprio ruolo decisionale.*

4.7 Regolamentazione dell'IA

La crescita dell'IA ha reso necessaria la creazione di regolamentazioni per proteggere i diritti dei cittadini e garantire un uso etico della tecnologia. Diversi governi e organizzazioni stanno lavorando per stabilire standard etici e normativi.

- **GDPR e Protezione dei Dati**: Il GDPR, introdotto dall'UE, è una normativa che tutela la privacy degli utenti e limita la raccolta e l'uso di dati personali da parte delle aziende che sviluppano e utilizzano l'IA.
  Caso pratico: *Google è stata multata dall'UE per violazione del GDPR, poiché il colosso tecnologico raccoglieva dati sugli utenti*

  senza il loro consenso. Il caso ha mostrato l'importanza di normative rigorose per proteggere la privacy.

- **Classificazione del Rischio**: L'UE sta lavorando a una proposta che classifica le applicazioni di IA in base al rischio (basso, medio o alto). Questo sistema consentirebbe di applicare normative più stringenti per l'IA ad alto rischio, come quella usata in ambito sanitario e finanziario.
Caso pratico: La Commissione Europea ha proposto di vietare l'uso del riconoscimento facciale in luoghi pubblici, a meno che non vi sia un chiaro beneficio pubblico e rispettando criteri etici.

4.8 Riflessioni Etiche: IA e Società

L'IA non è solo una tecnologia, ma anche una questione sociale ed etica. È fondamentale che lo sviluppo e l'uso dell'IA siano guidati da valori umani fondamentali, come la giustizia, l'equità e la protezione dei diritti individuali.

- **Sviluppo Responsabile**: Le aziende tecnologiche devono adottare politiche etiche per assicurare che l'IA venga sviluppata e utilizzata in modo equo.
  Caso pratico: Microsoft ha introdotto un comitato etico per l'IA, con l'obiettivo di garantire che i suoi prodotti rispettino standard etici e non violino i diritti dei consumatori.

- **Promuovere un'IA Etica**: Alcune iniziative stanno cercando di creare un'etica condivisa sull'IA. Ad esempio, l'UNESCO ha sviluppato un documento che stabilisce principi etici per guidare lo sviluppo dell'IA a livello globale.
Caso pratico: *Il documento dell'UNESCO sull'etica dell'IA stabilisce linee guida per l'uso dell'IA in modo che sia rispettoso dei diritti umani e della dignità umana, puntando a un'IA che contribuisca al bene comune.*

Capitolo 5: Il Futuro dell'IA

5.1 Introduzione alle Tendenze dell'IA

L'IA è in costante evoluzione e le tendenze emergenti dimostrano che la tecnologia continuerà a influenzare la nostra vita in modi sempre più avanzati e specifici. L'IA avrà un impatto crescente su settori come la medicina, l'energia, il trasporto e la sicurezza. Le città diventeranno più "intelligenti", con sensori e algoritmi che gestiranno risorse e traffico in tempo reale, riducendo gli sprechi e migliorando l'efficienza.

Esempio: In alcune città, i semafori intelligenti già si adattano ai flussi di traffico, ottimizzando i tempi di attesa e riducendo gli ingorghi. I sensori lungo le strade raccolgono dati, permettendo all'IA di prevedere le ore di punta e regolare il traffico in tempo reale, migliorando la circolazione e riducendo le emissioni.

5.2 IA Generativa e Creatività Artificiale

L'IA generativa sta aprendo nuovi orizzonti nel campo della creatività, generando contenuti originali come immagini, musica, testi e persino video. Questa tecnologia permette di esplorare idee artistiche e creative senza precedenti, aiutando professionisti e artisti a visualizzare concetti complessi.

- **Creazione di Immagini e Arte**: Modelli di IA come DALL-E di OpenAI generano immagini basate su descrizioni testuali. Gli artisti possono creare schizzi o bozze con l'aiuto dell'IA, visualizzando scene o soggetti complessi in pochi minuti.
  Esempio: Un'agenzia pubblicitaria potrebbe usare un modello di IA per creare prototipi visivi in base ai desideri del cliente,

generando velocemente più opzioni per un progetto. L'IA diventa uno strumento per accelerare e potenziare il processo creativo.

- **Musica Generata dall'IA**: Alcune IA, come Jukedeck e AIVA, compongono musica basandosi sulle preferenze dell'utente. I musicisti possono usare queste tracce come base per sviluppare ulteriormente le loro composizioni, personalizzando il brano secondo il proprio stile.

Esempio: Un regista può usare un'IA generativa per creare una colonna sonora preliminare per un film o un trailer. L'IA suggerisce melodie e atmosfere musicali, che poi vengono rifinite dai musicisti per ottenere il risultato finale.

5.3 IA nella Medicina e nella Salute

L'IA ha il potenziale per rivoluzionare la medicina, migliorando la precisione delle diagnosi e permettendo ai medici di prendere decisioni più informate. Le applicazioni future dell'IA in questo settore includono diagnosi automatizzate, analisi predittiva e scoperta di farmaci.

- **Diagnosi Precoce**: L'IA analizza immagini mediche come radiografie e risonanze magnetiche, individuando precocemente patologie che potrebbero sfuggire all'occhio umano.
  Esempio: Il progetto Google Health ha sviluppato un algoritmo che identifica il cancro al seno con un'accuratezza pari o superiore a quella dei radiologi umani. Questo sistema può segnalare tumori in fase iniziale, migliorando le possibilità di successo del trattamento.

- **Scoperta di Farmaci**: L'IA accelera la ricerca di nuovi farmaci analizzando enormi quantità di dati genetici e biochimici, riducendo i tempi di sviluppo da anni a mesi.
  Esempio: Durante la pandemia di COVID-19, l'IA è stata utilizzata per analizzare migliaia di molecole potenzialmente efficaci, riducendo il tempo di scoperta e di sviluppo di vaccini e farmaci.

- **Robot Chirurgici**: I robot chirurgici assistiti da IA permettono interventi minimamente invasivi con un'alta precisione. I chirurghi controllano i robot, ma l'IA assiste durante l'operazione, riducendo il rischio di errori e migliorando i tempi di recupero.
  Esempio: Il sistema chirurgico da Vinci utilizza robot che eseguono operazioni guidate da IA e da medici. I movimenti precisi riducono il rischio di danni ai tessuti, migliorando l'outcome chirurgico per il paziente.

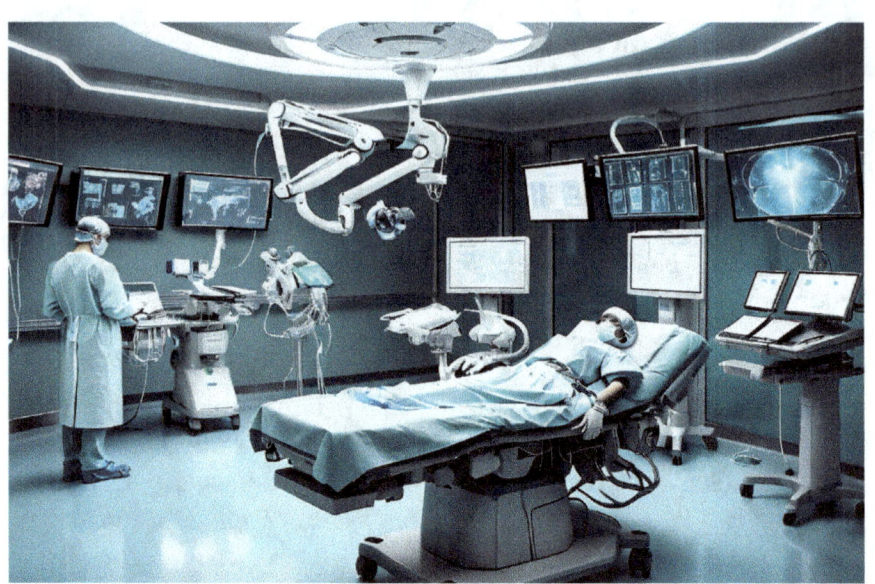

5.4 IA e Sostenibilità Ambientale

L'IA può svolgere un ruolo centrale nella gestione sostenibile delle risorse, contribuendo alla lotta contro il cambiamento climatico.

- **Agricoltura di Precisione**: I droni e i sensori guidati dall'IA raccolgono dati sul suolo, ottimizzando l'uso di fertilizzanti e acqua per ridurre sprechi e massimizzare la resa delle colture.
  Esempio: In Brasile, alcuni agricoltori utilizzano droni dotati di

IA per analizzare le condizioni del terreno e regolare l'irrigazione, migliorando l'efficienza delle risorse idriche.

- **Monitoraggio Ambientale**: L'IA può analizzare immagini satellitari per monitorare fenomeni come la deforestazione, l'inquinamento dell'acqua e i cambiamenti climatici.
  Esempio: Alcuni progetti di IA utilizzano immagini satellitari per monitorare l'estensione delle foreste e segnalare attività di disboscamento illegale in tempo reale, permettendo alle autorità di intervenire rapidamente.

5.5 IA e Città Intelligenti

Le città del futuro utilizzeranno l'IA per ottimizzare la gestione delle risorse e migliorare i servizi pubblici, dalla gestione del traffico alla sicurezza.

- **Gestione del Traffico**: Le città intelligenti utilizzano sensori e IA per regolare il flusso dei veicoli, riducendo la congestione stradale e migliorando la qualità dell'aria.
  Esempio: A Los Angeles, un sistema di semafori intelligenti monitora il flusso del traffico in tempo reale, adattando i tempi di luce verde per evitare ingorghi e migliorare la fluidità della circolazione.

- **Sicurezza Urbana**: I sistemi di sorveglianza intelligenti monitorano automaticamente le strade e segnalano attività sospette alle forze dell'ordine.
  Esempio: A Londra, alcune telecamere intelligenti riconoscono comportamenti sospetti, come movimenti bruschi o scontri fisici, inviando una notifica alla polizia locale per un intervento tempestivo.

5.6 IA nell'Educazione

L'IA offre opportunità senza precedenti nel campo dell'educazione, permettendo di personalizzare l'apprendimento e rendere le lezioni più interattive e coinvolgenti.

- **Personalizzazione dell'Apprendimento**: I sistemi di IA monitorano i progressi degli studenti e suggeriscono materiali didattici specifici per colmare eventuali lacune.
  Esempio: La piattaforma di apprendimento digitale Smart Sparrow utilizza l'IA per monitorare il progresso degli studenti e proporre esercizi personalizzati, migliorando la comprensione e il coinvolgimento.

- **Tutor Virtuali**: Le scuole stanno iniziando a usare assistenti virtuali che rispondono alle domande degli studenti e forniscono spiegazioni aggiuntive.
  Esempio: La Georgia State University utilizza un chatbot di IA per rispondere alle domande degli studenti, assistendoli su argomenti accademici e amministrativi.

5.7 IA e Collaborazione Umano-Macchina

La collaborazione tra esseri umani e IA sta diventando più avanzata, con sistemi che assistono i professionisti in modo più efficiente e sicuro.

- **Robot Collaborativi**: I robot collaborativi lavorano a stretto contatto con gli esseri umani, aiutandoli nei compiti fisicamente impegnativi.
  Esempio: Nelle fabbriche di automobili, i robot collaborativi lavorano insieme agli operai, sollevando parti pesanti e migliorando la sicurezza sul lavoro.

- **Sistemi di Supporto alla Decisione**: I sistemi di IA possono assistere medici, avvocati e ingegneri analizzando dati e suggerendo decisioni basate su evidenze.
  Esempio: I medici dell'Ospedale di Pavia utilizzano un sistema

di supporto decisionale per interpretare le scansioni mediche in modo più rapido e accurato, ottenendo una seconda opinione dall'IA e migliorando l'efficacia delle diagnosi.

5.8 Sfide Future:
Sicurezza e Regolamentazione dell'IA

Con l'espansione delle applicazioni dell'IA, è essenziale garantire che la tecnologia sia sicura, regolamentata e rispettosa dei diritti dei cittadini.

- **Regolamentazione Etica**: I governi e le organizzazioni internazionali stanno lavorando a normative che garantiscano un uso etico dell'IA.
  Esempio: La Commissione Europea sta sviluppando una proposta di legge per classificare le applicazioni di IA in base al rischio. Le IA ad alto rischio, come quelle usate nella giustizia, dovranno rispettare rigidi standard di sicurezza e trasparenza.

- **Sicurezza dei Dati**: La protezione dei dati sarà cruciale, poiché i sistemi di IA gestiscono grandi quantità di informazioni personali.
  Esempio: Alcuni ospedali stanno adottando blockchain e crittografia avanzata per proteggere i dati dei pazienti e garantire la sicurezza durante l'analisi da parte di IA.

5.9 Conclusione: Un Futuro AI-driven

L'intelligenza artificiale sta cambiando profondamente il nostro mondo, trasformando settori cruciali e rivoluzionando il modo in cui viviamo, lavoriamo e interagiamo. Il potenziale dell'IA sembra quasi infinito: dalla medicina alla sostenibilità ambientale, dall'educazione alla sicurezza pubblica, gli sviluppi promettono di migliorare la qualità della vita per miliardi di persone. Tuttavia, l'entusiasmo per i progressi tecnologici deve essere bilanciato da una riflessione consapevole sugli effetti che l'IA avrà sulla società, sul lavoro, sui diritti e sulle libertà individuali.

Un futuro "AI-driven", ossia guidato dall'intelligenza artificiale, richiede che ci impegniamo per una **visione etica e inclusiva** della tecnologia, in modo che essa non sia solo efficiente e innovativa, ma anche rispettosa dei valori umani fondamentali. Ecco alcune delle principali aree di riflessione che definiranno il futuro dell'IA:

A. L'IA come Strumento per il Bene Comune

L'IA ha il potenziale per affrontare alcune delle sfide più urgenti del nostro tempo, come il cambiamento climatico, la gestione delle risorse naturali, la sicurezza alimentare e la sanità pubblica. Le applicazioni AI-driven nei settori della sostenibilità ambientale, ad esempio, potrebbero consentire una migliore gestione delle risorse, aiutare nella riduzione delle emissioni di CO_2 e favorire la protezione della biodiversità.

Esempio: Le Nazioni Unite stanno collaborando con esperti di IA per monitorare i progressi verso gli Obiettivi di Sviluppo Sostenibile (SDG). Sistemi di IA analizzano dati ambientali e climatici, aiutando i governi a prendere decisioni strategiche per ridurre l'impatto ambientale e promuovere la sostenibilità.

B. Etica e Diritti Digitali

Una delle questioni più importanti del futuro sarà la gestione dell'IA in modo etico. La protezione della privacy e la trasparenza dei processi di IA devono essere garantite affinché gli individui possano avere fiducia nella tecnologia. La domanda è: come possiamo assicurare che l'IA sia progettata e utilizzata rispettando i diritti umani e le libertà fondamentali?

Esempio: Diverse organizzazioni stanno spingendo per l'adozione di una "Carta dei diritti digitali", che definisca regole e principi per proteggere i cittadini dai rischi di sorveglianza invasiva e di manipolazione dei dati personali.

C. Collaborazione Umano-Macchina: Un Nuovo Equilibrio

L'IA non sostituirà necessariamente le persone, ma piuttosto le affiancherà in molti settori, come la medicina, l'educazione e l'industria. Il futuro potrebbe essere caratterizzato da una collaborazione sempre più stretta tra esseri umani e macchine, in cui l'IA svolge i compiti più complessi e ripetitivi, mentre l'uomo mantiene il controllo sui processi decisionali.

Esempio: In medicina, i sistemi di supporto decisionale basati su IA analizzano i dati medici e assistono i medici nelle diagnosi, ma le decisioni finali rimangono nelle mani dei professionisti sanitari. Questo equilibrio garantisce che le macchine possano integrare, ma non sostituire, il giudizio umano.

D. IA e Inclusività: Costruire un Futuro Equo

L'IA deve essere inclusiva, rappresentare diverse prospettive e evitare di introdurre o amplificare pregiudizi esistenti. Per costruire un futuro equo, è essenziale che i team di sviluppo dell'IA siano diversificati e rappresentativi della società nel suo insieme. Questo riduce il rischio di bias e discriminazioni nei sistemi di IA, garantendo che i benefici siano equamente distribuiti.

Esempio: Microsoft e altre aziende tecnologiche stanno investendo in programmi per promuovere la diversità nei team di sviluppo dell'IA e per addestrare i modelli con dataset rappresentativi di gruppi sociali e culturali eterogenei.

E. Regolamentazione e Responsabilità dell'IA

Per garantire un utilizzo etico dell'IA, i governi e le istituzioni internazionali devono lavorare insieme per creare regolamentazioni efficaci. La sfida sarà bilanciare la protezione dei diritti individuali con il supporto all'innovazione tecnologica. La regolamentazione dovrebbe stabilire standard di sicurezza, protezione dei dati e trasparenza, senza soffocare lo sviluppo.

Esempio: L'Unione Europea sta proponendo una regolamentazione per classificare le applicazioni di IA in base al rischio e introdurre normative specifiche per le IA ad alto rischio, come quelle utilizzate in ambito sanitario, giudiziario e finanziario. Questo approccio "risk-based" consente di proteggere i cittadini senza ostacolare l'innovazione.

F. IA e Sostenibilità a Lungo Termine

L'IA può aiutare a creare soluzioni sostenibili, ma il suo sviluppo deve essere consapevole delle risorse limitate del nostro pianeta. Alcuni algoritmi di IA, soprattutto quelli di deep learning, richiedono enormi quantità di energia per l'addestramento. Un futuro sostenibile richiede che gli sviluppatori adottino pratiche ecologicamente responsabili e che l'IA sia progettata per essere efficiente e rispettosa dell'ambiente.

Esempio: Alcune aziende stanno sviluppando chip e hardware più efficienti dal punto di vista energetico per ridurre l'impronta ecologica dell'IA. Google, ad esempio, ha adottato un sistema di raffreddamento ad AI per i suoi data center, riducendo il consumo di energia fino al 40%.

Verso un Futuro Etico e Sostenibile con l'IA

In conclusione, il futuro dell'IA dipende dalle scelte che facciamo oggi per utilizzarla in modo responsabile. L'intelligenza artificiale deve servire la società in modo equo e sostenibile, proteggendo i diritti dei cittadini e preservando il pianeta. La ricerca di un equilibrio tra innovazione, etica e inclusività sarà fondamentale per garantire che l'IA possa essere un alleato prezioso nell'affrontare le sfide globali.

Costruire un futuro AI-driven significa dare priorità alla cooperazione tra governi, aziende, istituzioni accademiche e cittadini. Solo attraverso un approccio collaborativo e trasparente possiamo sfruttare appieno il potenziale dell'IA per il bene comune.

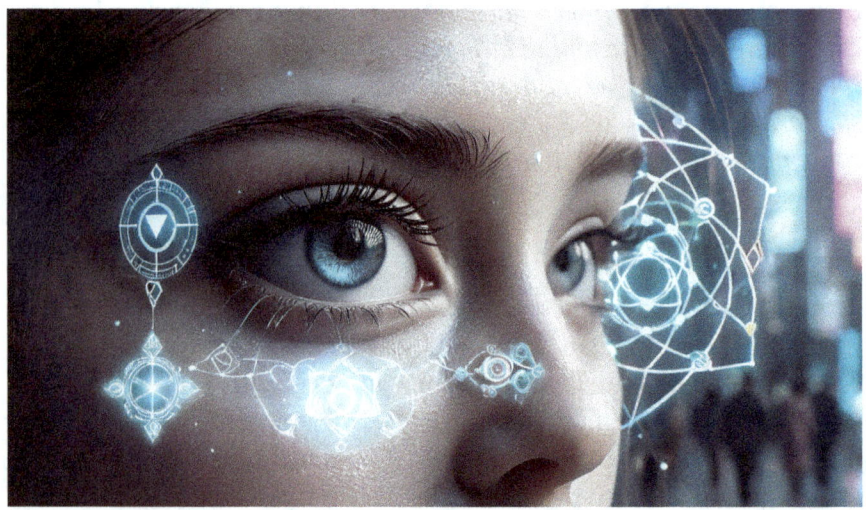

Capitolo 6: Conclusioni e Prospettive

6.1 Riepilogo dei Punti Chiave

Il percorso esplorato fin qui ha dimostrato come l'intelligenza artificiale (IA) stia già cambiando il mondo e quali sfide ed opportunità essa presenti. Di seguito, un riepilogo degli aspetti chiave e degli esempi concreti trattati nei capitoli precedenti:

- **Applicazioni e Benefici**: L'IA ha dimostrato la sua utilità in diversi settori, tra cui sanità, educazione, industria, e sostenibilità. I sistemi di IA oggi analizzano dati per diagnosticare malattie, ottimizzare la produzione industriale, adattare contenuti educativi e migliorare la gestione delle risorse naturali.
  Esempio: In ambito sanitario, Google Health ha sviluppato un sistema di IA per l'analisi delle mammografie che rileva con elevata accuratezza il cancro al seno, aiutando i medici nella diagnosi precoce. In agricoltura, aziende come John Deere utilizzano droni e IA per monitorare le coltivazioni e ottimizzare l'uso di risorse come acqua e fertilizzanti.

- **Sfide Etiche**: Uno dei temi centrali riguarda la necessità di affrontare i rischi etici associati all'IA, come la privacy, i bias, e la trasparenza. Gli algoritmi utilizzano i dati personali per prendere decisioni e personalizzare i servizi, ma spesso non è chiaro come queste informazioni vengano trattate e quali decisioni siano automatizzate.
  Esempio: Nel reclutamento del personale, alcune aziende utilizzano l'IA per selezionare i candidati, ma il sistema può mostrare preferenze o discriminazioni se addestrato su dati storici contenenti pregiudizi. Questo problema è emerso con il sistema di recruiting di Amazon, che ha penalizzato i candidati femminili per i ruoli tecnici a causa dei bias presenti nei dati.

- **Collaborazione Umano-IA**: In molte applicazioni, l'IA non sostituisce l'uomo, ma agisce come strumento di supporto. Nei magazzini di Amazon, ad esempio, i robot collaborano con i

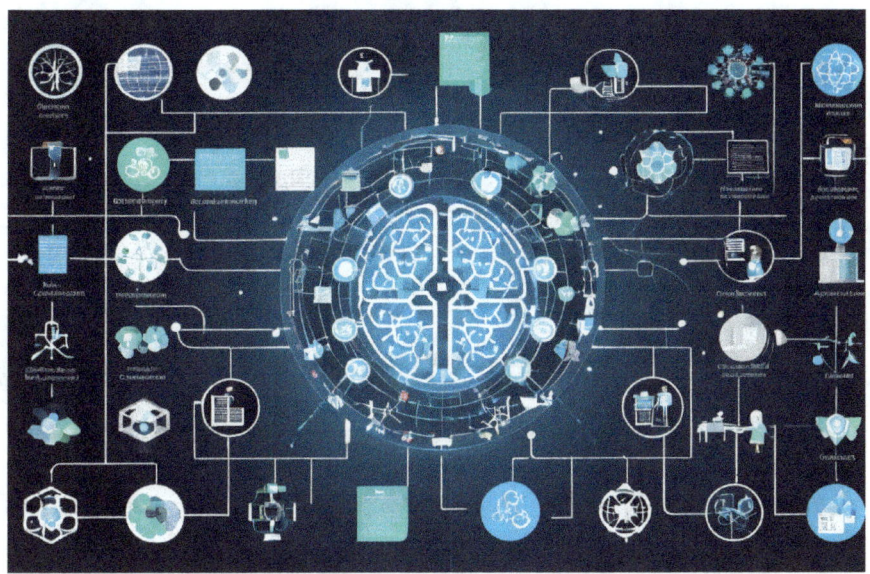

dipendenti, riducendo i tempi di lavoro e aumentando la produttività, mentre i lavoratori si occupano di compiti più strategici.

Esempio: In chirurgia, il sistema da Vinci è un robot chirurgico assistito dall'IA, che permette ai chirurghi di eseguire operazioni complesse con una precisione elevata. Il chirurgo mantiene il controllo, ma il robot riduce il rischio di errore e facilita interventi meno invasivi.

6.2 Prospettive per l'IA nei Prossimi Anni

L'IA si evolve rapidamente e nei prossimi anni potremmo assistere a progressi significativi in vari ambiti, tra cui l'Intelligenza Artificiale Generale (AGI), la regolamentazione e lo sviluppo di nuove interfacce uomo-macchina.

- **Intelligenza Artificiale Generale (AGI)**: L'AGI è l'obiettivo di creare una IA che possa apprendere e adattarsi a qualunque compito, come farebbe un essere umano. Anche se questa visione è ancora lontana, i ricercatori stanno compiendo passi in avanti.
  Esempio: AlphaZero di DeepMind ha dimostrato che un unico algoritmo può imparare da solo vari giochi e superare i migliori giocatori umani. Sebbene non sia ancora un AGI, rappresenta un passo verso un'IA più flessibile e adattiva.

- **IA Etica e Regolamentata**: L'espansione dell'IA ha reso urgente la creazione di regolamentazioni per tutelare i diritti dei cittadini e definire standard etici. La regolamentazione europea per l'IA propone di classificare le applicazioni in base al rischio e di imporre normative più severe per quelle ad alto impatto, come in sanità e giustizia.
  Esempio: La proposta di legge europea impone che le IA utilizzate in ambito giudiziario debbano essere trasparenti e prive di bias. Negli Stati Uniti, la California ha approvato il California Consumer Privacy Act (CCPA), che stabilisce regole rigorose per la privacy dei dati e protegge i cittadini dall'uso improprio delle loro informazioni personali.

- **Interfacce Umano-Macchina Avanzate**: L'interazione con l'IA diventerà sempre più naturale grazie a dispositivi come comandi vocali avanzati, realtà aumentata e interfacce neurali. L'obiettivo è permettere alle persone di comunicare con le macchine in modo intuitivo e immediato.
  Esempio: Il progetto Neuralink di Elon Musk mira a sviluppare

interfacce neurali che permetteranno alle persone di controllare i dispositivi con il pensiero. In un futuro prossimo, queste tecnologie potrebbero essere usate per aiutare persone con disabilità motorie a interagire con l'ambiente.

6.3 Il Ruolo dell'IA nella Società e nell'Economia

L'IA ha già modificato profondamente il mondo del lavoro, i modelli di consumo e le relazioni sociali, con effetti che continueranno a evolversi nel tempo.

- **Trasformazione del Lavoro**: L'IA automatizza alcuni compiti e richiede nuove competenze digitali. In ambiti come la produzione e la logistica, l'IA consente di ridurre i costi e migliorare la produttività, ma richiede ai lavoratori di adattarsi a nuovi ruoli.
  Esempio: Nei magazzini di Walmart, i robot scansionano le corsie per controllare l'inventario, lasciando ai lavoratori il compito di gestire gli aspetti strategici. Anche nel settore legale, l'IA analizza documenti e individua clausole contrattuali, mentre gli avvocati si concentrano su strategie più complesse.

- **Nuovi Modelli di Consumo e Servizi**: L'IA consente di personalizzare l'esperienza dei consumatori in settori come il retail, l'intrattenimento e la pubblicità. Piattaforme come Netflix e Amazon utilizzano l'IA per prevedere le preferenze dei clienti e proporre prodotti o contenuti su misura.

Esempio: Netflix analizza i gusti degli utenti per suggerire film e serie TV, migliorando l'esperienza e incentivando a restare sulla piattaforma. Amazon utilizza algoritmi per suggerire prodotti simili a quelli già acquistati, aumentando le possibilità di nuove vendite.

- **Impatto Sociale e Inclusività**: L'IA offre strumenti per rendere i servizi più accessibili e inclusivi. In particolare, le tecnologie di assistenza vocale aiutano le persone con disabilità a interagire con il mondo digitale.
Esempio: Siri e Alexa consentono di accendere le luci, fare chiamate o controllare la temperatura della casa semplicemente con la voce, rendendo la tecnologia più accessibile a persone con disabilità motorie o visive.

6.4 Le Sfide Etiche da Affrontare nel Futuro

L'evoluzione dell'IA pone diverse sfide etiche che richiedono un impegno collettivo per garantire che questa tecnologia venga utilizzata in modo responsabile.

- **Privacy e Sicurezza dei Dati**: I sistemi di IA raccolgono e utilizzano grandi quantità di dati, ma è necessario proteggere la privacy degli individui e garantire la sicurezza delle informazioni.
  Esempio: Le applicazioni di social media come Facebook e Instagram utilizzano l'IA per monitorare l'interazione degli utenti e suggerire contenuti, ma questi dati possono essere utilizzati anche per fini commerciali o di profilazione. Il GDPR in Europa impone alle aziende di fornire maggiore trasparenza su come i dati vengono utilizzati.

- **Bias e Inclusività**: Gli algoritmi di IA possono riflettere i pregiudizi sociali presenti nei dati di addestramento. È essenziale

che i sistemi di IA siano progettati per essere equi e inclusivi, senza penalizzare determinati gruppi.

Esempio: Negli Stati Uniti, alcuni algoritmi utilizzati per valutare i candidati al lavoro hanno mostrato un bias verso le minoranze etniche, poiché addestrati su dati storici che riflettevano pregiudizi sociali. Le aziende stanno cercando di risolvere questo problema creando dataset più rappresentativi.

- **Accountability e Trasparenza**: Stabilire chi è responsabile delle decisioni dell'IA è essenziale, soprattutto nei settori critici come la giustizia e la sanità, dove una decisione sbagliata può avere conseguenze importanti.

Esempio: Nei tribunali statunitensi, il sistema COMPAS viene utilizzato per prevedere la probabilità di recidiva dei detenuti, ma gli studi hanno dimostrato che può discriminare le persone di colore. Questo ha sollevato questioni su chi debba rispondere di decisioni errate e su come migliorare la trasparenza.

6.5 Il Futuro dell'IA: Uno Sguardo Positivo

Sebbene l'IA presenti delle sfide, le opportunità che offre per migliorare la vita umana sono enormi. Il futuro dell'IA può essere positivo, se orientato verso obiettivi etici e sostenibili.

- **Collaborazione Globale**: La cooperazione internazionale sarà fondamentale per promuovere un'IA che rispetti i diritti umani e favorisca il progresso sociale ed economico. Le nazioni dovranno collaborare per creare regolamentazioni condivise e standard etici.
  Esempio: L'ONU ha istituito iniziative per promuovere l'IA etica e sostenibile, coinvolgendo esperti e leader di tutto il mondo per definire linee guida internazionali che tutelino i diritti dei cittadini.

- **Innovazione e Sostenibilità**: L'IA può contribuire allo sviluppo sostenibile, ottimizzando l'uso delle risorse naturali e migliorando

l'efficienza energetica. In molte città, l'IA viene utilizzata per gestire il traffico, ridurre le emissioni e gestire i rifiuti in modo più efficace.

Esempio: La città di Copenaghen utilizza l'IA per gestire il traffico in modo da ridurre le emissioni e migliorare la qualità dell'aria. Le smart grid, come quella di Austin, Texas, ottimizzano il consumo energetico grazie all'IA, riducendo l'impatto ambientale.

- **Empowerment dell'Individuo**: L'IA può potenziare le capacità umane, rendendo accessibili informazioni e strumenti che permettono a ciascuno di sviluppare le proprie competenze e migliorare la propria qualità di vita.
Esempio: Piattaforme educative come Coursera utilizzano l'IA per suggerire percorsi di apprendimento personalizzati, mentre gli assistenti virtuali aiutano le persone a organizzare la loro vita quotidiana in modo più efficiente.

6.6 Conclusione Finale

L'intelligenza artificiale è più di una tecnologia: è una forza trasformativa che sta rimodellando il nostro mondo, presentando opportunità straordinarie e sfide impegnative. Lungo questo percorso, abbiamo esplorato come l'IA sia già profondamente integrata in vari aspetti della vita quotidiana, dai progressi in medicina e nelle città intelligenti all'ottimizzazione dei modelli di consumo e alla sostenibilità ambientale. Tuttavia, con il potenziale che l'IA offre, emergono anche questioni complesse legate all'etica, alla privacy, alla trasparenza e alla responsabilità.

La vera sfida è sfruttare questa tecnologia in modo da massimizzare i benefici per la società, minimizzando al contempo i rischi. Abbiamo visto come il futuro dell'IA richieda non solo innovazione, ma anche un

approccio etico e regolamentato, capace di rispettare i diritti e le diversità di ogni individuo. Dall'educazione alla giustizia, dalla protezione della privacy alla lotta contro i bias, il cammino verso un'IA equa e inclusiva è già in atto, ma richiede il coinvolgimento di governi, aziende, ricercatori e cittadini.

Guardando avanti, possiamo immaginare un futuro in cui l'IA collabora con l'uomo, supportandolo nelle decisioni e nei compiti complessi, potenziandone le capacità e contribuendo a costruire una società più giusta e sostenibile. Ma affinché questo accada, è essenziale che l'IA sia sviluppata e utilizzata con responsabilità. La cooperazione globale sarà fondamentale per definire standard comuni e assicurare che l'IA sia sempre al servizio del bene comune, proteggendo valori fondamentali come la libertà, l'inclusività e la sostenibilità.

In conclusione, il futuro dell'IA è nelle nostre mani. Con scelte consapevoli e una visione lungimirante, possiamo fare in modo che l'IA diventi non solo uno strumento di innovazione, ma anche un alleato per affrontare le sfide del nostro tempo e realizzare un mondo migliore per tutti.

Appendice

A.1 Case History: Utilizzo di ChatGPT

Questa sezione offre esempi concreti di come ChatGPT possa essere impiegato in contesti professionali e personali per migliorare l'efficienza e la qualità delle interazioni e dei processi.

1. **Supporto al Cliente**
   Molte aziende di e-commerce e servizi utilizzano ChatGPT per rispondere rapidamente alle richieste dei clienti. Il sistema risponde automaticamente a domande comuni, risolvendo i problemi degli utenti senza l'intervento umano, e lasciando al personale il tempo per occuparsi di richieste più complesse.

- **Esempio Dettagliato**: Un'azienda di e-commerce implementa ChatGPT per rispondere alle domande sulla disponibilità dei prodotti, sui tempi di spedizione e sulle modalità di reso. Se un cliente chiede, "Come funziona la procedura di reso?", ChatGPT fornisce una guida chiara sui passaggi, incluso come e dove spedire il prodotto e i tempi di rimborso. I risultati? Una riduzione del 35% dei tempi di risposta e un aumento della soddisfazione del cliente del 20% in tre mesi.

2. **Creazione di Contenuti**
   I team di marketing usano ChatGPT per generare idee e sviluppare contenuti per blog e social media. Questa automazione aiuta a produrre contenuti frequenti e mirati, migliorando la coerenza della strategia di comunicazione.

- *Esempio Dettagliato: Una startup che promuove prodotti sostenibili usa ChatGPT per generare idee di post social. Inserendo nel prompt: "Suggerisci 5 idee di post per*

promuovere lampadine LED ecologiche," ChatGPT propone contenuti come "Risparmio energetico con le lampadine LED" e "Come le lampadine LED aiutano l'ambiente." Questo approccio aumenta l'engagement del 25% sui social media, migliorando la consapevolezza del brand.

3. **Apprendimento e Formazione**

ChatGPT si è rivelato utile nel settore dell'istruzione, assistendo studenti e professionisti che desiderano apprendere nuove competenze. I chatbot rispondono alle domande su specifici argomenti, facilitando l'apprendimento.

- *Esempio Dettagliato: Una piattaforma di formazione per programmatori integra ChatGPT come tutor virtuale. Gli studenti possono chiedere chiarimenti su concetti*

complessi, come "Spiegami i cicli while in Python," e ChatGPT fornisce risposte dettagliate con esempi di codice. Questo approccio ha aumentato il tasso di completamento dei corsi del 30%, migliorando il supporto formativo.

4. Assistenza alla Programmazione

I team di sviluppo software usano ChatGPT per ottimizzare il codice, individuare errori e fornire suggerimenti su come migliorare le prestazioni del software.

- *Esempio Dettagliato: Un'azienda di sviluppo app utilizza ChatGPT per risolvere problemi di prestazioni. Un programmatore chiede a ChatGPT: "Come posso ottimizzare questa funzione di ricerca in un array*

grande?" ChatGPT suggerisce algoritmi più efficienti e

spiega le differenze tra una ricerca lineare e binaria. I tempi di debugging si riducono del 40%, migliorando la qualità e il rispetto delle scadenze.

A.2 Dati e Statistiche sull'Intelligenza Artificiale

Questa sezione contiene dati chiave sullo stato e l'impatto dell'IA a livello globale, fornendo ai lettori una prospettiva numerica sul settore.

Indicatore	Valore	Descrizione
Valore di Mercato dell'IA (2023)	$150 miliardi	Valore stimato del settore IA, che comprende applicazioni in sanità, finanza, industria e tecnologia.
Aumento di Produttività con l'IA	40-50%	Percentuale di aumento medio della produttività grazie all'adozione dell'IA in aziende di vari settori.
Investimenti in IA (2023)	$93.5 miliardi	Investimenti globali in ricerca, sviluppo e implementazione dell'IA.
Adozione IA nelle Aziende	37% delle aziende nel 2023	Percentuale di aziende che utilizzano l'IA per migliorare efficienza e servizi.
Occupazione	+10% nuovi ruoli entro il 2030	Crescita prevista di nuove professioni legate all'IA, come Data Scientist e Machine Learning Engineer.
Principali Settori IA	Sanità, Finanza, Retail	Settori con maggiore adozione dell'IA, per analisi dati, customer service e automazione.

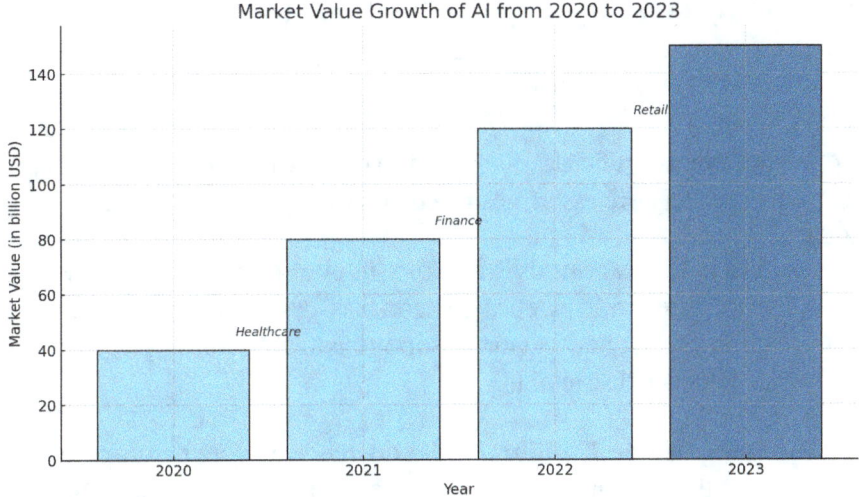

Analisi: Questi numeri indicano la rapida crescita e l'importanza strategica dell'IA. Con l'aumento dell'automazione, settori come sanità e retail ottengono miglioramenti in efficienza e personalizzazione. Inoltre, l'evoluzione del mercato del lavoro porterà alla nascita di nuove professioni e competenze, rendendo l'IA un settore cruciale per l'economia globale.

A.3 Riflessioni Conclusive sull'Utilizzo dell'IA

L'intelligenza artificiale può trasformare le vite e le industrie, ma la sua crescita deve essere gestita con consapevolezza e responsabilità:

- **Etica e Responsabilità**: Lo sviluppo e l'uso dell'IA devono rispettare principi etici. Evitare bias, garantire la trasparenza e proteggere i dati personali sono obiettivi essenziali per costruire la fiducia nei sistemi IA.

- **Integrazione Equilibrata**: L'IA dovrebbe fungere da supporto per le attività umane, senza sostituire le competenze umane uniche, come la creatività e l'empatia.

- **Formazione e Adattamento**: È importante che i lavoratori e le nuove generazioni siano formati sulle competenze digitali per

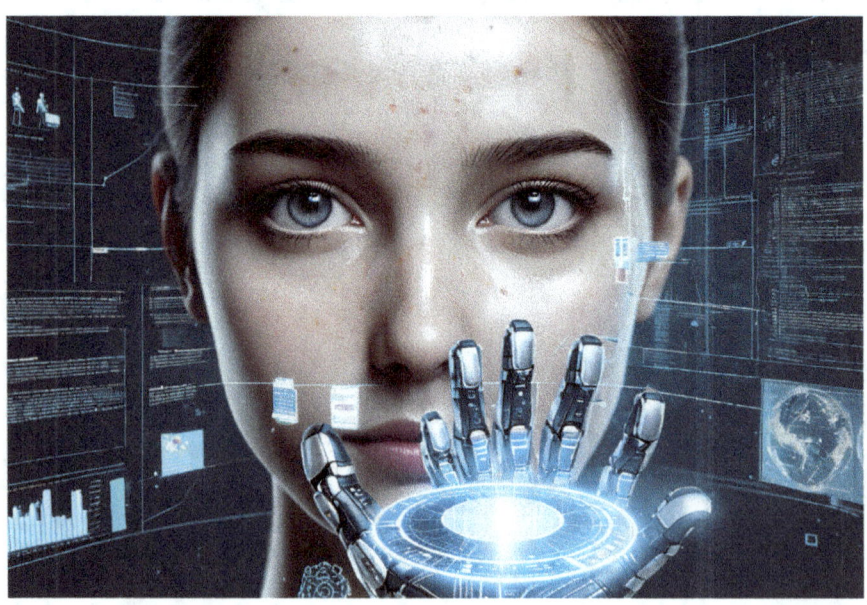

integrarsi nei settori ad alta tecnologia. Le organizzazioni dovrebbero investire nella riqualificazione dei dipendenti per garantire una transizione equilibrata.

Conclusione: L'IA ha il potenziale per risolvere sfide globali e migliorare la qualità della vita. Tuttavia, la direzione che prenderà dipende dalle nostre scelte attuali. Attraverso regolamentazioni, etica e una visione di lungo termine, possiamo fare dell'IA un alleato nel costruire una società inclusiva e sostenibile.

A.4 Best Practices per l'Uso di ChatGPT

Alcuni suggerimenti pratici su come sfruttare al meglio ChatGPT:

- **Formulare Prompt Chiari e Specifici**:
ChatGPT risponde meglio a domande specifiche. Quando possibile, includere contesto e dettagli precisi.

Esempi di Prompt:

- "Suggerisci 5 strategie di marketing per una startup che vende prodotti ecologici."

- "Descrivi i vantaggi dell'IA nel settore medico."

- **Considerazioni Etiche**:
ChatGPT genera risposte basate su dati pubblici e non sempre verifica le fonti. È consigliabile:

- Verificare le informazioni prima di utilizzarle.

- Non chiedere a ChatGPT informazioni sensibili per garantire la sicurezza dei dati.

A.5 IA e Innovazione

L'IA stimola l'innovazione in molti settori, offrendo opportunità nuove e inaspettate.

- **IA nell'Arte Digitale**: Modelli come DALL-E consentono agli artisti di creare opere d'arte a partire da semplici descrizioni testuali, offrendo nuove possibilità di espressione creativa.

- **Terapia Virtuale e Salute Mentale**: Applicazioni di IA aiutano a monitorare lo stato emotivo e offrono supporto psicologico, rendendo i servizi di salute mentale più accessibili e personalizzati.

- **Smart Cities e Mobilità Urbana**: In città come Singapore, l'IA

ottimizza i semafori e monitora il traffico, riducendo le emissioni e migliorando la qualità della vita.

A.6 Glossario dei Termini Chiave dell'IA

Ecco alcuni termini importanti per comprendere meglio l'intelligenza artificiale:

- **Machine Learning**: Un metodo per far sì che i computer apprendano dai dati e migliorino nel tempo senza programmazione esplicita.
- **Algoritmo**: Una sequenza di istruzioni usata dai computer per risolvere problemi.
- **Bias**: Pregiudizio involontario che può emergere nei risultati se i dati di addestramento contengono distorsioni.

- **AGI**: Una forma ipotetica di intelligenza artificiale con capacità cognitive simili a quelle umane.
- **Reti Neurali**: Modelli computazionali ispirati al cervello umano, utilizzati per riconoscere schemi e risolvere problemi complessi.

A.7 Domande Frequenti (FAQ)

1. **Come posso iniziare a usare ChatGPT?**
   Risposta: Crea un account su OpenAI, poi inserisci domande o prompt per esplorare le capacità di ChatGPT.

2. **Come posso assicurarmi che le risposte dell'IA siano accurate?**
   Risposta: Verifica sempre le informazioni fornite da ChatGPT, soprattutto per scopi professionali.

3. **Quali sono i rischi nell'usare l'IA e come posso mitigarli?**
   Risposta: I rischi includono informazioni non verificate e possibili bias. Mitiga questi rischi usando l'IA come supporto, verificando le informazioni e tenendo conto della privacy.

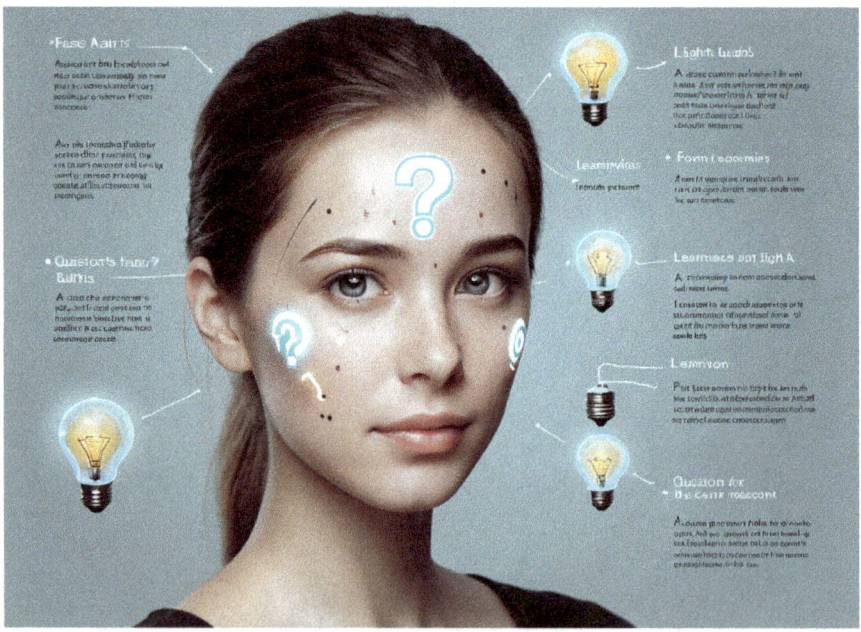

A.8 Risorse Consigliate in Italiano

Per i lettori interessati a continuare l'apprendimento sull'intelligenza artificiale con risorse in italiano, ecco alcuni libri, corsi e blog che offrono contenuti completi e accessibili:

Libri in Italiano

- *"Intelligenza Artificiale. Come gli uomini e le macchine possono coesistere e collaborare"* di Jerry Kaplan
  Un'introduzione comprensibile e completa all'intelligenza artificiale, con riflessioni etiche e pratiche per comprendere come questa tecnologia influenzerà il nostro futuro.

- *"L'Intelligenza Artificiale Spiegata a Mia Nonna"* di Stefano Quintarelli

Un libro divulgativo che spiega i concetti base dell'IA in modo semplice e comprensibile, perfetto per chi si avvicina per la prima volta all'argomento.

- *"Intelligenza artificiale. Guida al futuro prossimo"* di Virginia Dignum
  Un testo che esplora le implicazioni etiche e sociali dell'intelligenza artificiale, focalizzandosi su come l'IA può essere sviluppata in modo etico e responsabile.

Corsi Online in Italiano

- **Fondamenti di Machine Learning e Intelligenza Artificiale**
  (Politecnico di Milano su Coursera)
  Un corso gratuito che offre le basi dell'intelligenza artificiale e del

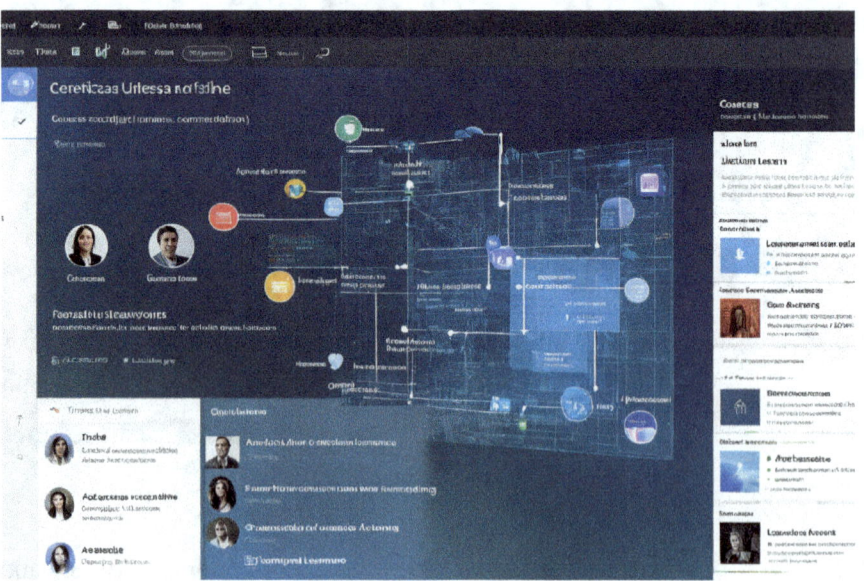

machine learning, adatto sia ai principianti sia a chi vuole consolidare le proprie conoscenze.

- **Introduzione all'Intelligenza Artificiale** (Federica Web Learning, Università di Napoli Federico II)
  Questo corso introduce ai fondamenti dell'intelligenza artificiale, esplorando l'IA come strumento per risolvere problemi complessi in diversi settori. È gratuito e in lingua italiana.

- **Elementi di Intelligenza Artificiale** (Reaktor e Università di Helsinki, disponibile in italiano)
  Un corso introduttivo gratuito che copre i concetti fondamentali dell'IA e le sue applicazioni nella vita quotidiana. Si tratta di uno dei corsi di IA più popolari al mondo, tradotto anche in italiano.

Blog e Siti Web in Italiano

- **Agenda Digitale** (https://www.agendadigitale.eu)
  Un portale che copre argomenti di tecnologia, innovazione e IA, con articoli, analisi e approfondimenti scritti da esperti italiani. Ideale per tenersi aggiornati sulle ultime novità in ambito tecnologico in Italia.

- **Il Blog di Data Science e AI di Google in Italiano**
  La versione italiana del blog di Google dedicato alla data science e all'intelligenza artificiale. Fornisce articoli su nuove ricerche e applicazioni pratiche dell'IA.

- **AI4Business** (https://www.ai4business.it)
  Un sito italiano dedicato all'IA in ambito business, con articoli su tecnologie emergenti, casi di studio e approfondimenti sulle applicazioni dell'intelligenza artificiale nelle aziende.

- **Machine Learning Italia** (https://machinelearningitalia.com)
  Un blog che offre articoli, tutorial e guide sul machine learning e l'intelligenza artificiale, con un focus sulle applicazioni pratiche in Italia.

Queste risorse offrono una combinazione di teoria e pratica, perfette per approfondire la comprensione dell'IA e delle sue applicazioni. Con queste letture e corsi, i lettori potranno continuare il loro percorso di apprendimento e comprendere meglio come l'intelligenza artificiale stia trasformando la nostra realtà.

Scopri di più sull'Intelligenza Artificiale!
Se vuoi rimanere aggiornato sulle ultime novità, ricevere consigli pratici e approfondire le tue conoscenze sull'IA, ti invito a seguire la mia pagina Facebook "**AI per Tutti**". Troverai contenuti accessibili, esempi concreti e uno spazio per discutere insieme dell'impatto dell'intelligenza artificiale nella vita quotidiana. Unisciti alla nostra community e scopri come l'IA può migliorare il presente e plasmare il futuro!

Segui "AI per Tutti" **su Facebook** e inizia il tuo viaggio nell'affascinante mondo dell'Intelligenza Artificiale.

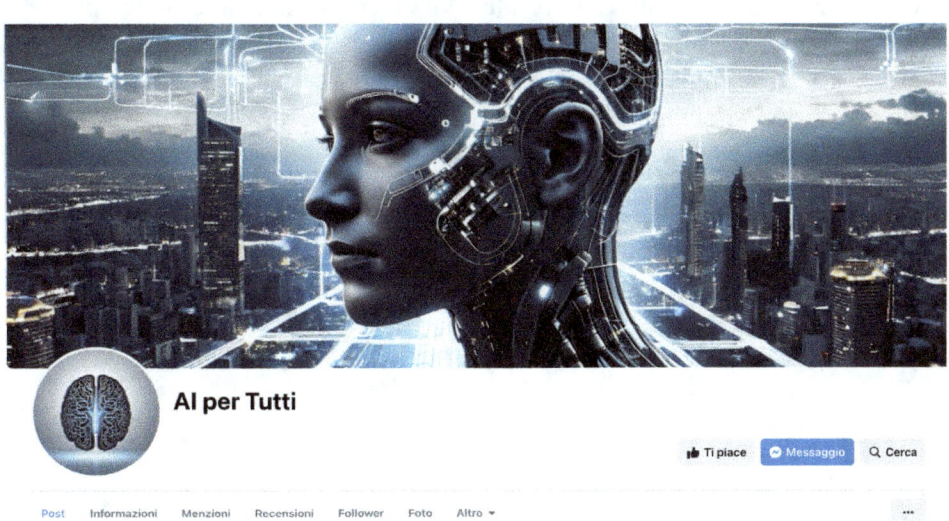

Note sull'Autore

Con una laurea in Economia e Commercio ottenuta giovanissimo e oltre 30 anni di esperienza imprenditoriale, l'autore ha costruito un percorso unico che unisce competenze in finanza, pubblicità e nuove tecnologie. La sua carriera spazia in diversi settori, dove ha lanciato e guidato progetti innovativi, affermandosi come pioniere nel riconoscere e sfruttare le opportunità offerte dal cambiamento tecnologico.

Attraverso questo eBook, l'autore offre una guida completa e pratica per esplorare l'IA in modo semplice e concreto. Con uno stile chiaro e arricchito da esempi concreti, accompagna i lettori alla scoperta delle straordinarie possibilità di questa tecnologia e delle sfide che essa comporta, mettendo a disposizione non solo le sue conoscenze, ma anche un'autentica visione di un futuro tecnologico alla portata di tutti.

Indice

1. **Introduzione**

    - Perché l'Intelligenza Artificiale?
    - Obiettivi del libro e cosa aspettarsi

2. **Capitolo 1: Cos'è l'Intelligenza Artificiale?**

    - Definizione di Intelligenza Artificiale
    - Breve storia dell'IA: dalle origini a oggi
    - Principali categorie di IA: IA debole e IA forte

3. **Capitolo 2: Come Funziona l'IA**

    - Algoritmi e machine learning
    - Reti neurali e deep learning
    - Apprendimento supervisionato e non supervisionato
    - Elaborazione del linguaggio naturale (NLP)

4. **Capitolo 3: Applicazioni Pratiche dell'IA Oggi**

    - IA nella sanità: diagnostica e medicina personalizzata
    - IA nel mondo del lavoro e dell'automazione
    - IA nell'educazione e formazione
    - IA nel marketing e nei servizi personalizzati

5. **Capitolo 4: Opportunità e Vantaggi dell'IA**

    - Come l'IA migliora la produttività
    - Innovazione e nuovi modelli di business
    - Sostenibilità ambientale e IA
    - Miglioramento della qualità della vita e accessibilità

6. **Capitolo 5: Le Sfide e i Rischi dell'IA**

    - Privacy e sicurezza dei dati
    - Bias e discriminazione algoritmica

- Lavoro e automazione: i rischi per l'occupazione
- Etica e responsabilità nell'uso dell'IA

7. **Capitolo 6: Il Futuro dell'IA**

    - Le prossime tendenze: AGI e IA etica
    - L'IA nelle città intelligenti e nelle smart cities
    - Collaborazione umano-macchina
    - Ruolo dell'IA nella società e nell'economia

8. **Appendice**

    - **A.1** Case History: Utilizzi di ChatGPT in vari settori
    - **A.2** Dati e Statistiche sull'Intelligenza Artificiale
    - **A.3** Riflessioni Conclusive sull'Utilizzo dell'IA
    - **A.4** Best Practices per l'Uso di ChatGPT
    - **A.5** IA e Innovazione
    - **A.6** Glossario dei Termini Chiave dell'IA
    - **A.7** Domande Frequenti (FAQ)
    - **A.8** Risorse Consigliate in Italiano

9. **Note sull'Autore**

    - Breve biografia e percorso professionale

Copyright © 2024 Giovanni Tarantelli
Tutti i diritti riservati.
ISBN-13